LOS 10
PODERES
DEL UNIVERSO

Guía práctica para descubrir tu propósito
de vida y convertirte en la Arquitecta de tu realidad

ALEJANDRO HERRYMAN

Publicado por HerrymanTV, LLC en Estados Unidos de América.
PO Box 260906
San Juan, Puerto Rico, 00926

Primera edición impresa: 2021
Primera edición digital: 2021
Primera edición audiolibro: 2021

ISBN: 978-1-7369359-1-0 (libro impreso)
ISBN: 978-1-7369359-0-3 (libro digital)
ISBN: 978-1-7369359-2-7 (audiolibro)

Cualquier referencia a eventos históricos, personas reales o lugares reales se utiliza de manera ficticia. Los nombres, los personajes y los lugares son productos de la imaginación del autor.

Visita nuestras páginas web:
www.los10poderesdeluniverso.com
www.herryman.tv
www.htvpodcast.com
www.metasclaras.com

Primera edición

ÍNDICE

"Piense en un barco que sale de un puerto con un viaje completamente trazado y planificado. El capitán y la tripulación saben exactamente a dónde se dirigen y el tiempo que les tomará dicho viaje. Tienen un objetivo definido. 9,999 veces de cada 10,000 llegarán a su destino.

Tomemos otro barco como el primero, pero sin tripulación ni capitán al timón. Si dirección, meta o destino. Simplemente arrancamos los motores y lo dejamos ir. Creo que estarás de acuerdo conmigo en que llegase a salir del puerto, se hundirá o terminará en alguna playa desierta, abandonado. No puede ir a ningún lugar porque no tiene destino ni guía. Lo mismo con el ser humano."

EARL NIGHTINGALE

"La claridad de tu propósito es el punto de partida de todo logro."

W.P. CLEMENT STONE

DEDICATORIA

Este trabajo va dedicado a todas las mujeres que han aportado a mi crecimiento como ser humano, en especial a mis más preciadas flores: mi madre y abuela, ambas Margarita.

POEMA: MUJER, HA LLEGADO EL MOMENTO DE COMENZAR A VOLAR

El amor te conecta con tu corazón;
Mujer, eres mi mayor fuente de inspiración.
Contigo aprendo mis lecciones;
A desencadenar mis emociones;
A entonar las más bellas canciones.

Mi alma ahora está vulnerable,
Cada día más feliz y saludable.
Si no es por ti jamás hubiese sonreído;
No amaría lo vivido;
Ni disfrutaría lo prohibido.
Por la vida andaría perdido.

Gracias Mujer por tu paciencia;
Pude observar tu esencia;
Y aprender de tu inocencia.
Cuando elevaste mi conciencia;
Diste propósito a mi existencia.

Mujer me haces agradecido.
Me conectas con lo Divino;
Cuando me enseñas las cosas bellas:
A tocar la luna y ver las estrellas.

Mujer me mostraste Amor Incondicional;
También a extraer la miel del panal.
Siembro plantas y escribo poemas;
Por ti soy feliz de todas maneras.

El lado creativo me has despertado;
Encontré lo que siempre he soñado.
Un regalo te quiero ofrecer;
Porque tienes un gran futuro;
No le temas a lo prematuro.
El mejor de los éxitos te auguro.

Desarrollemos tu potencial;
Subamos juntos el espiral.
Para que veas que eres un diamante;
Eres un ser humano impresionante.
Lo que digo lo vas a comprobar;
Ha llegado el momento de comenzar a volar.

AH

INTRODUCCIÓN

"El CONOCIMIENTO es la LUZ que iluminará tu CAMINO."

ROBERT FISHER

PARÁBOLA: LA SABIDURÍA DENTRO DE TI

Dice una leyenda que luego de la creación del ser humano, los dioses, que podían ver el futuro, se dieron cuenta de que el ser humano iba a tener mucha dificultad en superarse si hacían que la SABIDURÍA les estuviera muy accesible ya que cualquier persona la obtendría y la utilizaría para destruirse así mismo. Por lo tanto, quien fuera SABIO tenía que trabajar fuertemente para encontrarla: tenía que ser una persona moral y capacitada para soportar las tentaciones de la vida y utilizarla para el servicio del bien.

El dios de la tierra dijo: "vamos a esconder la sabiduría en el centro de la tierra. Ahí no la van a encontrar". Se adelantan al futuro y se dan cuenta de que el ser humano iba a poder perforar la tierra en búsqueda de recursos naturales por lo que el centro de la tierra no era un buen lugar para esconder la SABIDURÍA.

El dios del agua y dijo: "vamos a esconder la SABIDURÍA en el fondo del Océano Atlántico. El ser humano nunca la encontrará". Se adelantan al futuro nuevamente y observaron cómo el hombre también llegaría a las profundidades de los océanos y allí, el inescrupuloso encontraría la SABIDURÍA. El fondo del océano tampoco era buen lugar para esconderla.

Luego de meses de debates e ideas, no acababan de encontrar un lugar suficientemente seguro para guardarla. ¡De repente! uno dijo: "escondamos la sabiduría dentro del mismo ser humano, ahí no la buscarán. Sólo el valiente, de corazón puro, noble y con la capacidad de conocerse a sí mismo buscará y la encontrará en ese lugar". Todos los dioses estuvieron de acuerdo, y desde entonces, la SABIDURÍA se encuentra dentro de ti.

Por lo tanto, el tesoro que llevas buscando toda tu vida está escondido en tu interior y esta Guía es el mapa que te llevará a encontrarlo.

TU PLANTILLA DE VIDA

EL TESORO EN TU INTERIOR

TUS LECCIONES DE VIDA

TU PROPÓSITO DE VIDA

¿QUÉ ES UN PODER?

En esta guía descubrirás diez (10) poderes del Universo que permean nuestra vida y que se encuentran dentro de ti, por lo tanto, es importante que definamos su significado.

Según la Real Academia Española, la palabra "poder", en el contexto de esta guía es: "dominio, imperio, facultad y jurisdicción que alguien tiene para mandar o ejecutar algo." También es "fuerza, vigor, capacidad, posibilidad, poderío". En otras palabras, es la capacidad que tienes para crear la vida de tus sueños; la fuerza interior que tienes para lograr más cosas de las que jamás imaginaste. Es utilizar algo que te pertenece por Ley Universal para hacer algo difícil con facilidad. Es hacer lo que te propongas sin que nada ni nadie pueda impedirlo. Es saber que tienes la autoridad delegada por el Universo para hacer el bien y surcar el camino que te revelará tu propósito de vida.

Tienes un poder infinito, lo creas o no. Pero debes primero descubrirlo para entonces poder utilizarlo a tu favor y no en contra tuyo. ¿Estás lista?

¿QUIERES SABER DÓNDE ESTÁ EL PODER QUE BUSCAS?

"Te advierto, quien quiera que fueses, ¡Oh! Tú que deseas sondear los arcanos de la Naturaleza, que si no hallas dentro de ti mismo, aquello que buscas, tampoco podrás hallarlo fuera. Si tú ignoras las excelencias de tu propia casa, ¿Cómo pretendes encontrar otras excelencias? En ti se halla oculto el tesoro de los tesoros. ¡Oh! Hombre, conócete a ti mismo y conocerás al Universo y a los Dioses."

INSCRIPCIÓN EN EL FRONTISPICIO DEL TEMPLO DE APOLO EN DELFOS (SIGLO IV A.C.)

A través de la historia el ser humano ha intentado controlar su mente, dominar sus pasiones y alcanzar la felicidad. No obstante, son pócos los que llegan a ese destino porque viven vidas sin propósito ni dirección alguna. Llegan a la vejez sin jamás haber descubierto para qué nacieron. ¿Y sabes qué? Esa vida, NO es vida.

¿Te gustaría vivir una vida con propósito? ¿Te gustaría levantarte de la cama llena de energías e inspirada con el nuevo día que comienza? ¿Te gustaría rodearte de personas positivas? O, por el contrario, ¿prefieres sufrir, vivir sin dirección y dejarle el control de tu vida al azar o al "destino"? El tesoro que buscas fuera de ti se encuentra en tu corazón. El PODER que necesitas para triunfar y lograr tus metas está dentro de ti.

Si desconoces o ignoras el PODER que hay dentro de ti, no vivirás una vida plena y al igual que la mayor parte de las personas, lucharás infructuosamente para lograr tus metas y serás tu mayor obstáculo en todo lo que te propongas.

Esta guía práctica contiene la información y los ejercicios que necesitas para que logres tus metas y provoques situaciones en tu vida que generen satisfacción, empatía, salud, abundancia y felicidad.

ESTA GUÍA ES PARA TI...

1. Si quieres hacer tus sueños realidad;

2. Si tienes grandes deseos de conocerte a ti misma para tener una vida más placentera;

3. Si quieres tener una imagen mental clara de tu PROPÓSITO DE VIDA;

4. Si quieres tomar acción para desarrollar al máximo tu potencial;

5. Si quieres crear un impacto positivo en la vida de las personas que te rodean;

6. Si deseas controlar tu mente para desarrollar tu cuerpo y espíritu;

7. Si quieres aprender a lograr cualquier cosa que te propongas;

8. Si quieres descubrir de lo que eres capaz;

9. Si buscas un llamado que te motive e inspire.

10. Si quieres vivir en abundancia para disfrutar de todo lo anterior.

Esta guía contiene la tecnología para desarrollar al máximo tu potencial.

¿CÓMO ESTA GUÍA PUEDE AYUDARTE?

Descubrirás tu propósito de vida, crearás una imagen clara de lo que quieres y te convertirás en la Arquitecta de tu vida. Tendrás la voluntad para levantarte todos los días a tomar acción con la certeza de lograrás todo lo que te propongas.

"LOS 10 PODERES DEL UNIVERSO" es una guía práctica descubrir tu propósito de vida y alcanzar tus más grandes sueños. Los poderes que discutiremos son: **Enfoque, Pensamiento, Gratitud, Palabra, Actitud, Resiliencia, Amor, Meditación, Acción y de tener tu Plantilla de Vida.**

Cada capítulo contiene lo siguiente: Citas sobre cada uno de los poderes a discutir; el tema central; ejemplos, anécdotas o parábolas relacionadas al tema del capítulo que demuestre algún dato importante al cuál le sacarás una enseñanza valiosa; en ocasiones, verás imágenes para facilitarte la visualización del ejemplo en discusión; y luego, un ejercicio práctico que permite que lleves el aprendizaje a la práctica. Te recomiendo que leas esta guía mientras escuchas el audiolibro para que recibas la información por diferentes vías: de manera visual con los dibujos y la lectura; auditiva con el audiolibro, a través de la práctica haciendo los ejercicios y a través de las enseñanzas de las parábolas.

La información presentada en este trabajo está respaldada por experimentos y estudios científicos de universidades de renombre a nivel mundial y a los cuales haremos referencia cuando los mencionemos en los próximos capítulos. Algunos de los temas tratados en esta guía pueden ser considerado por muchos como temas espirituales o metafísicos y por años, parecieron una locura para muchos, sin embargo, me tomé la tarea de buscarle validez científica a "LOS 10 PODERES DEL UNIVERSO", y en efecto, la ciencia ha validado todo lo aquí expuesto incluyendo los efectos de la meditación en nuestro cuerpo y en nuestro cerebro; los efectos de la gratitud en nuestra salud, en nuestras relaciones, en nuestra felicidad o sentido de bienestar en general. Encontramos, incluso, experimentos que demuestran el impacto que tienen los pensamientos, tanto positivos como negativos en nosotros y en las personas que nos rodean.

¿QUÉ TIENE ESTA GUÍA PARA TI?

¡MUCHÍSIMO! Puede definir el resto de tus días si analizas su contenido, haces los ejercicios prácticos durante el recorrido y tomas acción enfocándote en tu destino. Si sigues estas instrucciones, lograrás tu cometido. Verás la vida desde otra óptica y estarás perceptiva a los mensajes del Universo, especialmente cuando surjan obstáculos, retrasos o cambios repentinos.

Descubrirás TU PROPÓSITO DE VIDA y alcanzarás TU IMAGEN IDEAL. Estarás llena de energías y entusiasmo, incluso en momentos difíciles cuando te encuentres con obstáculos en el camino. Verás cómo las horas de "trabajo" pasarán volando y disfrutarás cada instante como nunca.

Aprenderás la tecnología probada para desarrollar TU PLANTILLA DE VIDA y regirás tu vida por un PROPÓSITO inquebrantable que te transformará a ti y a los que te rodean. Será el hilo conductor que te llevará a alcanzar lo que te propongas. Y cómo las mismas reglas aplican a todas las áreas de tu vida, esta misma metodología la podrás utilizar a nivel personal, profesional o empresarial.

¿QUÉ PUEDES HACER PARA QUE ESTA GUÍA TE FUNCIONE?

Si quieres tomar control de tu vida para crear experiencias positivas, experimentar abundancia, alcanzar tus metas, vivir con propósito, alegría y ser feliz es muy importante que:

1. Leas todo el contenido de esta guía en el orden en que está presentado.

2. Hagas todos los ejercicios. No los saltes ni los dejes para después. Mientras más rápido leas todo el contenido y hagas los ejercicios a través de este trabajo, más fresca tendrás la información en tu mente y más fácil se te hará montar el rompecabezas para descubrir TU PROPÓSITO DE VIDA y una IMAGEN CLARA de lo que deseas con pasos específicos a seguir para llegar esos sueños que tienes latentes en tu interior.

Mayormente, las personas se estancan o simplemente desisten de sus metas por miedo a fracasar, miedo a lo desconocido, incluso por miedo al éxito; por no desencadenar su creatividad; por falta de convicción y autoestima; por vivir recordando los golpes y cicatrices del pasado; por sentimientos de culpa mayormente infundados; por no aprender de los errores del pasado; por no tener ganas de vivir ni energías para levantarse de la cama por las mañanas; por no tener una visión lo suficientemente grande que los inspire y motive a vivir con alegría; por la falta de honestidad contra sí misma; por incumplir sus promesas y compromisos y por no tener ni idea de lo poderosa que son. No quiero que eso te pase a ti, sino todo lo contrario: mi meta es que te des cuenta de tu potencial y crees un plan de acción que te permita desarrollarlo.

EJERCICIO: VISUALIZA TU FUTURO

Para convertirte en la Arquitecta de tu destino y construir el camino de tus sueños, debes primero visualizarlo. Este ejercicio va a comenzar a mover la energía para hacer tus sueños realidad. Por lo tanto, antes de pasar al próximo capítulo es importante que te preguntes o cuestiones: ¿dónde y cómo te gustaría verte en 5 años? El resultado de este ejercicio lo vas a guardar hasta el momento que hayas completado todo este programa.

Instrucciones:

1. Tómate tu tiempo. No tengas prisa al hacer este ejercicio.

2. Este ejercicio debe tardar entre 3 y 15 minutos.

3. Piensa en algo que te guste o en alguien que quieras mucho: en un bebé, en tus hijos, en tus padres, en tu perro, en la relación de tus sueños, en algún otro familiar, en los viajes exóticos que siempre has querido hacer, en la playa o montaña, en crear o expandir tu propia empresa o en estar forma, saludable y hermosa. Mantén esa imagen clara y consistente en tu mente hasta que te sientas bien.

4. Una vez te sientas bien: relájate, visualízate feliz.
   a. ¿Dónde te quisieras ver en 5 años?
   b. ¿A dónde te lleva tu mente? Sigue tu instinto.
   c. ¿Qué estás viendo? Escríbelo.

d. ¿Qué pensamientos llegan a tu mente? Buenos o malos, acéptalos. Observa tus reacciones y cualquier otro detalle importante. Escríbelo.

e. Si te topaste con pensamientos limitantes, observarlos e imagínate con una varita mágica o con un bastón de madera combatiendo todos esos obstáculos y estos desapareciendo como por arte de magia.

    i. ¿Qué ves? Escribe lo que estés experimentando.

    ii. Repite 10 veces en voz alta: "El Universo conspira para hacer mis sueños realidad".

5. Repite el ejercicio: ¿dónde te ves en 5 años? Escríbelo.

6. Cuando termines, guarda el documento en un sobre y NO lo vuelvas a leer hasta que culmines todo el programa.

Comencemos. Crea una IMAGEN MENTAL de cómo sería tu trabajo ideal. Desencadena tu creatividad. Imagina tu futuro en un mundo donde no existen restricciones o limitaciones. Donde todo lo que pienses se hace realidad al momento. Dónde no necesitas dinero o tienes todo el que necesitas para hacer lo que deseas…

Te pregunto: ¿dónde y cómo te ves en 5 años?

_____

_____

_____

_____

_____

_____

_____

_____

_____

_____

_____

_____

_____

_____

_____

_____

_____

_____

_____

CAPÍTULO 1
EL PODER DEL ENFOQUE

*"El guerrero exitoso es un hombre promedio,
pero con un enfoque similar al láser."*

BRUCE LEE

El Poder del Enfoque abre la puerta a nuestro poder infinito. Este poder creador se activa cuando ponemos todas nuestras fuerzas en un solo punto. Es una habilidad indispensable para el éxito en todas sus formas y con la cual muchísimas personas han creado imperios sabiendo enfocar todas sus energías en un solo proyecto o en un solo objetivo a la vez. Según la Real Academia Española, la palabra "enfocar" se define como[1] "dirigir la atención o el interés hacia un asunto o problema desde unos supuestos previos, para tratar de resolverlo acertadamente";[2] "realizar la proyección de un haz de luz o de un número específico de partículas sobre un punto particular". Podemos visualizar el verbo enfocar como algo que está concentrado en un mismo lugar con mucha fuerza y eficacia con el propósito de llevar a cabo una acción o ejercer influencia sobre algo particular. **Por lo tanto, la palabra "enfoque" para propósitos de esta guía es cuando una persona concentra toda su fuerza y energía desde adentro de su ser, hacia un solo objetivo.**

LA PARÁBOLA DEL BOXEADOR INVENCIBLE

Dice la leyenda, que en un pueblo remoto de la montaña vivía Paquito El Boxeador. Este se encontraba entrenando para la pelea más importante de su carrera. Estuvo trabajando en su técnica ganadora y condición física de manera intensiva y consistente por un año. Gracias a la ayuda e insistencia de su entrenador Carlos, los resultados obtenidos por Paquito luego de esta ardua preparación, eran impresionante. Paquito El Boxeador se había convertido en el contrincante favorito de aquella, tan esperada pelea.

Paquito se sentía mejor que nunca. Era más fuerte y ágil que su oponente. Seguramente será el ganador de la pelea, pensaban todos. Una vez suena la campana, Paquito comenzó a tirar puños, sin embargo, no lograba conectar ninguno de esos puños en el cuerpo de su contrincante. 10, 20, 30, 100 intentos más tarde y nada.

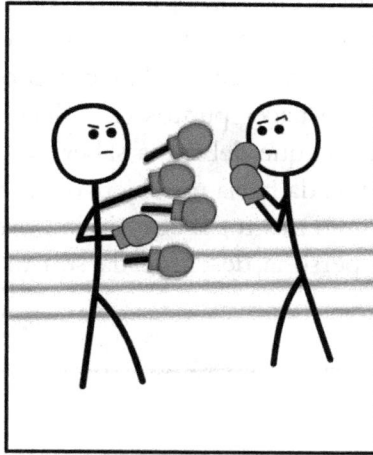

Paquito continúa tirando puños al aire y poco a poco comienza a cansarse. El público hace silencio, y todos observan cómo Paquito se debilita, se fatiga y termina en el suelo sin aire ni fuerzas suficientes para levantarse nuevamente. Transcurren 8 segundos y el árbitro termina la pelea por nocaut. El oponente no lanzó un solo golpe, sin embargo, ganó la pelea. ¿Por qué?

En el deporte del boxeo, al igual que en la vida, los puntos se hacen conectando los golpes, atacando los problemas y tomando acción enfocada y con propósito. La vida es un juego, y si no haces puntos en el juego, pierdes. Esta parábola nos enseña que debemos saber lo que queremos y tomar acción enfocada hacia un objetivo a la vez. Si no estás enfocado, jamás lograrás tus metas sin importar cuán preparado estés. Una persona desenfocada se cansa y se derrota solo.

LA PALABRA "ENFOQUE" PARA PROPÓSITOS DE ESTE LIBRO ES CUANDO UNA PERSONA CONCENTRA TODA SU FUERZA Y SU ENERGÍA DESDE ADENTRO DE SU SER, HACIA UN SOLO OBJETIVO.

Tus pensamientos son como un rayo de luz. Es tu labor dirigir ese rayo de luz a un solo punto de manera que lo que te propongas, lo logres y que lo que quieras, lo obtengas.

LA PARÁBOLA DEL PODER DEL ENFOQUE EN EL TRABAJO

Antes de que se proliferaran las compras por Internet, a un señor lo contratan como el gerente de una juguetería. La juguetería era grande y prestigiosa. Tenía la más grande variedad juguetes, pero llevaban recostándose de su buena reputación por los pasados 20 años. Las ventas habían bajado y el personal estaba desanimado. La empresa se encontraba en fuertes aprietos económicos. El nuevo gerente decidió que su contribución sería crear un procedimiento estándar de excelencia en un área importante de la juguetería dentro de los próximos 2 años. Escogió enfocarse en la entrada de la tienda. Creó un área llamativa con los mejores juguetes para que los niños pudieran jugar con ellos. Decidió que cada niño que llegara a la juguetería sería visto por un empleado adiestrado dentro de los primeros 60 segundos de haber entrado a la tienda. Dentro de los primeros 12 meses, la juguetería se había convertido en un modelo a seguir para todas las jugueterías del país y en menos de 2 años, la juguetería completa se había transformado. Sus ventas habían cuadruplicado.

El gerente se enfocó en una sola cosa. En crear un proceso donde los niños pudieran utilizar los juguetes. Esa única acción enfocada se expandió por todo el país, creando un impacto a nivel nacional y salvando la juguetería de una bancarrota. **El ENFOQUE es uno de los poderes secretos que tienes a tu alcance y con el que puedes transformar tu vida.**

¿QUÉ PUEDES HACER PARA ENFOCARTE?

La falta de enfoque o la poca capacidad para enfocarte por largos periodos de tiempo son rasgos de una mente débil. Y una mente débil hace que la persona tenga una vida más dura, difícil y con pocos logros.

El cerebro, como cualquier otro músculo en nuestro cuerpo, debe ser ejercitado para mantenerse saludable y para incrementar su masa y tamaño. Para algunas personas puede parecer casi imposible enfocarse en algo, pero si no se esfuerzan por ejercitar ese músculo, están destinados a fracasar. **La falta de enfoque puede que te lleve a no hacer nada concreto o a comenzar demasiadas cosas a la vez y no terminar ninguna.**

Para que adiestres tu mente y logres resultados rápidos, comparto mis estrategias favoritas para desarrollar una mente enfocada:

I. MEDITACIÓN

La meditación es el ejercicio por excelencia para desarrollar tu mente a enfocarse. La meditación no es solo para los monjes del Tibet, ni para personas "espirituales". A nivel práctico, la meditación ayuda a la oxigenación de las células de tu cuerpo, a tener una mejor capacidad de manejar el estrés en nuestras vidas, a tener una mente calmada y sobre todo ENFOCADA. Lo que el ejercicio hace en el cuerpo, la meditación hace en nuestra mente y cerebro. Sin embargo, sobre este tema hablaremos en el capítulo titulado "El Poder de la Meditación" más adelante en esta guía.

II. BLOQUEO DE TIEMPO

Debes separar un tiempo todos los días para llevar a cabo la tarea más importante en tu agenda. Aunque esto es un concepto sencillo, en la práctica, puede ser muy complicado llevarlo a cabo por un tiempo prolongado. Cada vez que quieres concentrarte en algo recibes un bombardeo de distracciones consistente de llamadas, textos, correos electrónicos, notificaciones en las redes sociales, responsabilidades con la familia, hijos que atender y muchas otras situaciones que surgen de repente y con las que tenemos que lidiar, muchas veces en el momento. Con razón se te hace imposible enfocarte y es tan difícil poder realizar una sola tarea por un tiempo prolongado. Esto a su vez resulta en una reducción significativa de efectividad y productividad en todo lo que haces. Quiero que sepas que no estás sola en este círculo vicioso. La clave para solucionar este problema es separar religiosamente un tiempo para adelantar lo más importante en tu agenda. Pero ¿cuál es esa tarea más importante? La que al hacerla, te acerque más a tu meta principal.

Hace unos años atrás descubrí la técnica llamada "Solo Una Cosa"1 del libro "Solo Una Cosa" de Gary Keller y Jay Papasan y que me ha dado excelentes resultados. Esta técnica es inspirada en la Regla 80/20 que Wilfredo Pareto desarrolló en el 1906 cuando se dio cuenta que el 20% de la población de su época en Italia era dueña del 80% de las tierras y que el 80% de la población era dueña solo del 20% de ellas. Más adelante, Joseph Juran encontró que esta relación existía no solo en la economía, sino que era algo universal y le puso el nombre "La Regla de Pareto".

En resumen, Regla de Pareto como la conocemos hoy en día establece que el 20% de la clientela de un negocio equivale al 80% de sus ventas o ingresos. Que el 20% de tus inversiones, equivalen al 80% de tus retornos en la inversión. Igualmente, que el 20% de las cosas que haces en el día o de tus hábitos, equivalen al 80% del éxito en tu vida. En otras palabras, que de cada 10 acciones o tareas que vayas a hacer, solo 2 de esas tareas son las que te van a acercar realmente a tus metas. Ignorar el 80% de tus quehaceres te hará más productivo y tendrás mayores probabilidades de alcanzar tus metas y completar tus proyectos siempre y cuando puedas identificar ese 20% correctamente. Estas cifras han ido cambiando según otros estudiosos del tema. Por ejemplo, algunos estudios como uno que hicieron en OXFAM, dicen que el 99% de las riquezas de hoy en día le pertenecen al 1% de la población y que cada vez hay más inequidad.

El libro "Solo Una Cosa ("THE ONE THING"), lleva este concepto al extremo. Los autores exponen, y yo concurro, que de ese 20% hay algo que es más importante que lo demás, y de ahí el concepto de "SOLO UNA COSA", que, en resumen, es realizar la tarea más importante que tengas por varias horas todos los días y que ese tiempo sea separado para esa tarea solamente hasta lograr la meta. Si lo comparamos con la Regla de Pareto, en vez de ser 80/20, sería, para ilustrarlo mejor, 99/1 o 99.99/0.01. ¿Cuál es esa única cosa que tendrá el mayor impacto en alcanzar tus metas o resultados deseados? Para poder enfocarte en esa única cosa, necesitas una buena planificación y mucho enfoque. Y llevarlo al extremo es algo que tiene sentido. Si hay algo que te produce más resultados; ¿para que invertir tiempo y recursos en algo que produce menos?

Los autores Gary Keller y Jay Papasan utilizan de ejemplo a la compañía Apple, quienes son expertos en hacer transiciones de una única cosa extraordinaria a otra. Desde 1998 hasta la fecha, esa única cosa de Apple cambió de ser Macs, a iMacs, iTunes, iPods, iPhone, iPads, etc. Una vez adquieren esa única cosa que es la más importante para la empresa, no abandonan los otros productos. Todo lo contrario, los siguen mejorando poco a poco, de manera que ese producto principal que estén promocionando fuertemente y que es el que les trae la mayor parte de sus ventas, crea el efecto de lograr que los clientes que compren ese producto único, adopten el resto de la línea de productos poco a poco logrando (1) adquirir mayores ganancias por usuario y (2) facilitándole la vida a sus clientes, aumentando su productividad y creándoles una "experiencia". ¿Ves el poder del enfoque en su máxima expresión? Primero desarrollan un producto al máximo y luego brincan a otra línea de productos logrando así llevar a cabo múltiples proyectos a la vez de manera efectiva, pero siempre enfocándose en su producto más importante.

III. LA TÉCNICA POMODORO[3]

La tercera estrategia para mantenerte enfocada en una tarea es que, una vez identifiques la tarea más importante que tienes y bloquees un tiempo específico para llevarla a cabo, es momento de que utilices la Técnica Pomodoro. Esta técnica fue desarrollada por Francesco Cirillo entre finales de los años 80's y principio de los 90's y tiene dicho nombre porque su creador utilizó un reloj o cronómetro clásico de cocina con forma de tomate. De ahí la palabra "pomodoro" que significa tomate en italiano.

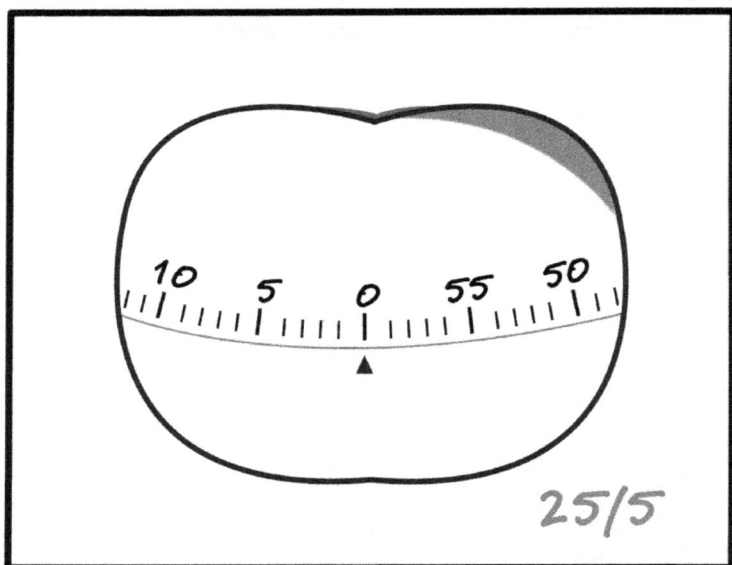

La técnica tiene el propósito de eliminar todo tipo de distracción, tanto las internas como las externas y durante el tiempo bloqueado por ti.

Debes utilizar un cronómetro o bajar una aplicación a tu celular o computadora preferiblemente diseñado para esta técnica.[4] Luego, debes trabajar en una misma tarea sin detenerte y sin distracciones por lapsos de 25 minutos corridos y luego descansar la mente por 5 minutos. Es asombroso lo que puedes lograr si te enfocas en una sola cosa sin distracción alguna y con el compromiso de no parar hasta cumplir tu objetivo o meta en los lapsos que hayas preestablecido.[5]

Estas 3 técnicas: la meditación, bloquear tiempo y la Técnica Pomodoro me ha ayudado a lograr muchas metas y fue la clave para que naciera esta guía. He vivido en carne propia los efectos negativos de andar desenfocado y sin poder lograr mis metas. **Una mente enfocada puede contra TODA adversidad.**

TIEMPO DE ENFOQUE
Tu nueva arma secreta para realizar tus tareas

1. Escoge una tarea a realizar.

2. Pon tu cronómetro en 25 minutos y comienza el conteo regresivo.

3. Trabaja en tu tarea más importante sin parar y sin distracciones, poniendo todo tu esfuerzo y concentración en el trabajo que tienes de frente hasta que suene el cronómetro. Marca una "X" en una hoja de papel para llevar el conteo de la cantidad de lapsos de 25 minutos que hayan transcurridos.

4. Toma una pausa de 5 minutos para levantarte de la silla, descansar tus ojos y relajar la mente.

5. Repite el proceso al menos 4 veces. Cada 4 "Pomodoros" o "X's" en la hoja de papel, debes descansar o tomar una pausa más larga de 20 a 30 minutos.

CONSEJOS PARA LLEVAR A CABO ESTA TÉCNICA

- Es importante que sepas cuál es la "tarea más importante". Esta es la que, de llevarla a cabo, te acercará más a tu meta principal.

- Es importante que el tiempo que vayas a bloquear para este ejercicio, sea planificado. Por ejemplo, puedes escoger hacerlo a primera hora en la mañana para salir de lo más importante o tedioso a primera hora y así poder dedicarle el resto del tiempo a otras cosas. También puedes levantarte 1 hora más temprano de lo que acostumbras o simplemente escoger una o dos horas todos los días para esa tarea. Si vas a escribir un libro, puedes escoger bloquear el tiempo para dedicarlo a eso de lunes a viernes de 10am a 12pm, por dar un ejemplo. Una vez te comprometes a bloquear unas horas específicas en el día, no debes fallar pues ahora es la prioridad número uno en tu agenda.

- Los lapsos de 25 minutos y los descansos de 5 minutos pueden variar según entiendas más conveniente para ti.

- ELIMINA TODO TIPO DE DISTRACCIÓN. Lograr estar sin interrupciones durante el tiempo bloqueado puede ser muy complicado en los tiempos en que vivimos, por lo tanto, apaga el celular, ponlo en modo de avión o a vibrar en otro cuarto donde no puedas verlo o escucharlo; desconecta la computadora del Internet para no recibir notificaciones o correos electrónicos y dile a las personas en tu casa u oficina que no te in-

terrumpan durante el tiempo predeterminado
que has escogido para trabajar en una sola cosa.

- Vale la pena resaltar que las distracciones también
son INTERNAS, como, por ejemplo: ganas de ir al
baño (a veces en exceso), hambre, ganas de ir a la ne-
vera cada 5 minutos, beber café cada 30 minutos, hacerle caso a la vocecita interna que te dice que debes
tener un correo electrónico importante que abrir o
que debes llamar a alguien o cualquier otro pensamiento que te distraiga de tu propósito principal.

- Durante este tiempo solo puedes hacer 2 cosas: la
tarea que te propusiste o no hacer nada. Si te acor-
daste de algo que tenías que hacer, identifica que
esa es la vocecita que te quiere devolver a tu zona de
confort. Simplemente anótalo en un papelito para
que no se te olvide y sigue trabajando en tu único
propósito de terminar la tarea que has comenzado o
que va a comenzar. Si te ves haciendo otra cosa, para
de inmediato y no hagas NADA. Eventualmente, o
te pondrás a meditar o te aburrirás y simplemente
regresarás a seguir trabajando con la tarea en mano.

- Cuando termines la tarea, ¡CELEBRA! Es importante que cada vez que progreses en la vida,
por poco o insignificante que te parezca ese
logro, lo celebres. Esto te da un sentido de satisfacción y te motiva consciente o subcons-
cientemente a seguir adelante con tus objetivos.

- Luego de haber concluido tu tarea, repite el proceso con otra tarea que tengas pendiente y con toda
meta que te propongas en el futuro.

Verás que este poderoso ejercicio te catapultará a niveles que jamás pensaste. Dominarás el arte del enfoque, se convertirá en una de tus ventajas competitivas sobre los demás, lograrás tus objetivos y tomarás control de tu destino.

"Utiliza bien tu tiempo si deseas tener ocio."
BENJAMÍN FRANKLIN

Una persona enfocada hacia un solo punto, con el pensamiento adecuado y la expectativa inquebrantable de que logrará su objetivo es prácticamente INVENCIBLE y su éxito será INEVITABLE.

CAPÍTULO 2

EL PODER DEL PENSAMIENTO

"Si piensas que puedes lograrlo, o si piensas que no lo vas a lograr, usualmente, tienes razón."
HENRY FORD

Los pensamientos le dan forma a tu vida: ¡Escógelos cuidadosamente! Si tienes pensamientos negativos y te fijas en pobreza, enfermedad y escasez, tus pensamientos tomarán esa forma, y la negatividad, pobreza, enfermedad y escasez llegarán a tu vida. Es imposible que te sientas bien mientras te fijas en pensamientos negativos.

ESCOGE BIEN TUS PENSAMIENTOS: estos se convierten en tus hábitos y tus hábitos en tu realidad. Por lo tanto, si cambias tus pensamientos, cambiarás tu entorno y transformarás tu vida. Los pensamientos positivos nos permiten crear, disfrutar y sobrepasar los límites autoimpuestos. Nada puede hacerse realidad sin haberse pensado primero.

Pregúntate, ¿qué deseo crear en mi vida? Una vez sepas lo que quieres, forma los patrones de pensamientos necesarios para crear hábitos poderosos que te acerquen a tus metas y te mantengan conectado con Dios o el Universo, que representa el poder Divino que ha creado todo lo que existe.

La Inteligencia Universal y tus pensamientos son la misma cosa. La misma Sustancia. Contienen la misma Fuerza. De la misma manera que una gota de agua que cae en el océano es parte de todo ese mar, tus pensamientos son parte de esa Inteligencia Universal. **En otras palabras, eres ultra poderosa. ¿Entendiste?**

El mundo invisible (pensamientos y energía), crea lo visible (materia). Si te adiestras en producir pensamientos conscientes y enfocados en las metas que tengas, crearás hábitos poderosos que te llevarán a vivir una vida alineada con el Universo y a llevar a cabo tu propósito de vida.

Es tu responsabilidad combatir las limitaciones de tus sentidos y los pensamientos limitantes aprendidos en el pasado (ya sea por tu familia o por la sociedad). Por ejemplo, si no tienes dinero o la pareja de tus sueños, o si no estás conforme con lo que tienes en estos momentos, no le eches la culpa a Dios, échasela a tus pensamientos; a ti misma. La maravilla de esto es que tienes la capacidad de controlar tus pensamientos, y al controlarlos, dominarás tu vida, entorno y te convertirás en la Arquitecta de tu destino.

El pensamiento es un arma que puedes usar para construir o destruir, para alinearte con tu propósito de vida o hacer de tu existencia un calvario. Ellos afectan tu estado de ánimo al igual que tu salud mental y física.

Algunos ejemplos de pensamiento negativos son:

"No puedo"
"La gente es mala"
"Todos me quieren hacer daño"
"Todos los hombres son iguales"
"Me va mal porque me lo merezco"
"Nadie me quiere"
"Me voy a quedar sin dinero"
"El mundo está conspirando para hacerme daño"
"Me quiero morir"

Si todos los días insistes consciente o inconscientemente en tener este tipo de pensamientos, no hay duda de que te vas a sentir mal y atraerás a tu vida lo opuesto a lo que deseas. Por las mañanas al levantarte te sentirás desgastada, desanimada, triste y sin fuerzas para cumplir con tus responsabilidades. Por el contrario, pensamientos positivos y de amor propio son los que te dan optimismo, resiliencia, ganas de vivir, fe, alta autoestima, un sistema inmunológico saludable y alegría. Además, atraen a tu vida las personas y circunstancias adecuadas para que logres tu propósito de vida.

Los pensamientos son energía creadora y como no hay nada en este mundo que se haya creado sin haber sido pensado antes, debes tener bien claro que es lo que quieres experimentar para luego sembrar pensamientos en tu mente que estén alineados a esa visión. Los pensamientos les dan forma a las cosas; es lo que conecta el mundo invisible con lo tangible y lo que crea tu realidad. **El pensamiento correcto y consistente activará los canales adecuados para poder materializar lo que deseas en tu vida. Por lo tanto, enfócate en pensar lo que deseas en todos tus momentos de ocio.**

LOS PENSAMIENTOS SON ENERGÍA

Todo lo que existe en este Universo es energía, y como descubrió Antoine Lavoisier,[6] "aunque la materia puede cambiar de forma, su masa se mantiene igual". **De aquí sale lo que probablemente has escuchado antes: "la energía no se crea ni se destruye, se transforma".** Esto aplica igual a los pensamientos, ya que estos también son energía.

Por ejemplo, el Dr. Masaru Emoto[7] llevó a cabo experimentos donde demostró el impacto que tienen los pensamientos positivos y los pensamientos negativos en nuestro cuerpo. Luego de llevar a cabo el experimento, fotografió los cristales del agua y observó grandes diferencias entre las partículas. Las más bellas eran las que recibieron pensamientos positivos. Luego, añadió un contenedor con indiferencia humana a sus experimentos y descubrió que el contenedor que recibió la energía positiva emanaba un aroma muy agradable; el contenedor expuesto a negatividad se ennegreció; y el contenedor que recibió indiferencia tenía hongo por lo que también se puede concluir que si no estás creciendo (vida), estás muriendo. **En otras palabras, el no hacer nada (indiferencia), dejarte llevar por la corriente de la vida sin un rumbo fijo, también mata.**

Dado a que entre el 60% y 70% de la masa de tu cuerpo está compuesta de agua, imagínate el impacto que tienen los pensamientos sobre tu cuerpo, ya sean estos dirigidos hacia tu persona o hacia los que te rodean. Pueden crear o destruir, expandir tu vida o hacerte morir poco a poco. Aquí yace la importancia y el poder de los pensamientos positivos, de las afirmaciones, de visualizar y contemplar aquello que quieres manifestar en tu vida de manera enfocada utilizando todas tus fuerzas y energías en un solo pensamiento y hacerlo de manera consistente.

De todo lo anterior podemos concluir lo siguiente:

- Que tienes el poder de convertir lo intangible en tangible para dejar el Planeta Tierra en mejores condiciones de cómo lo encontraste.

- Que para convertir un poco de materia hace falta muchísima energía y que el pensamiento enfocado tiene la capacidad de cambiarte a ti y a tus alrededores.

- Que tus pensamientos impactan positiva o negativamente a otros dependiendo del tipo de pensamientos que predominen en tu mente.

- Que tus pensamientos crean tu realidad.

No atraes lo que quieres, atraes lo que eres. Si lo que "quieres" se convierte en lo que "eres", lo que "quieres" se manifiesta en tu realidad.

EJERCICIO PARA MANIFESTAR LO QUE QUIERES

En lo que vas adiestrando tu mente a cosas más grandes y significativas, sugiero que comiences manifestando cosas más pequeñas como, por ejemplo, un estacionamiento disponible para tu carro en un centro comercial. Lo importante de este ejercicio es que te imagines el estacionamiento y lo busques con la certeza de que lo encontrarás.

Desde que aprendí esta técnica la he puesto en práctica y SIEMPRE consigo estacionamiento. No solo consigo estacionamiento, sino que lo consigo rápido. Ya es una creencia que hay en mí que no falla. Atraes lo que eres, no lo que quieres.

¿En qué otras áreas de tu vida puedes aplicar esta técnica? ¡EN TODAS LAS DEMÁS!

Pero, ¿cómo lo hago?

Una vez estoy llegando a un centro comercial comienzo a visualizar el estacionamiento en el lugar dónde lo quiero e incluso comienzo a preguntar por mi estacionamiento en voz alta. Me dejo llevar por mi instinto y voila, el estacionamiento aparece.

Primero debes imaginar que ya conseguiste el estacionamiento que buscas, lo visualizas y sientes como si ya lo hubieras encontrado antes de llegar al lugar dónde buscarás aparcamiento. Mantén esa sensación de certeza lo más intenso que puedas y por el mayor tiempo posible mientras buscas el estacionamiento. Con práctica, empezarás a conseguir estacionamientos con mayor frecuencia y eventualmente los encontrarás SIEMPRE y en poco tiempo.

Comienza con una intención poderosa para atraer cosas pequeñas, lo que a su vez te dará certeza y mayor confianza en ti misma. Esto, a su vez, aumentará tu vibración para eventualmente crear cosas más grandes en tu realidad. Este mismo principio debes aplicarlo en todo lo que hagas. Adiestrarás tu mente a utilizar infaliblemente la Ley de la Atracción a tu favor.

Mantén presente que toda idea o pensamiento contiene una vibración. Aumenta tu nivel vibratorio para que sea igual que la vibración de lo que deseas. No atraes lo que quieres, atraer lo que eres, por lo tanto, manifestarás en el plano físico el equivalente a la vibración que estás emanando. Por lo tanto, escoge pensamientos de alta vibración para que experimentes lo mejor y te rodees de lo que quieres y te conviene.

PARÁBOLA: EL CORAZÓN
DE LAS PERSONAS

A la barra de un pueblo remoto llega un joven, pide una botella de agua, se limpia las manos y le pregunta a un anciano que se encuentra descansando bajo la sombra de un arbol:

"¿Qué clase de personas viven en este pueblo?"
El anciano le pregunta: "¿Qué clase de gente había en el lugar de donde vienes?"

A lo que el joven le contesta: "Un montón de gente egoísta y con malas intenciones. Estoy encantado de haberme largado de allí."

A lo cual el anciano comentó: "Lo mismo habrás de encontrar aquí".

Ese mismo día, otro joven se acercó a la barra y al ver al anciano le preguntó: "¿Qué clase de personas viven en este lugar?"

El viejo respondió con la misma pregunta: "¿Qué clase de personas había en el lugar de donde vienes?"

El joven contesta: "Mucha gente buena, honesta y amigables. Me duele mucho haberlos dejado."

"Lo mismo encontrarás aquí", respondió el anciano.

Un hombre que había escuchado ambas conversaciones le preguntó al viejo: "¿Cómo es posible dar dos respuestas tan diferentes a la misma pregunta?"

A lo cual el viejo contestó: "Cada uno de nosotros solo puede ver lo que lleva en su corazón. Aquel que no encuentra nada bueno en los lugares donde ha estado no podrá encontrar otra cosa aquí."

La gente puede cambiar de trabajo, mudarse de su país, pero si no cambian su mentalidad y actitud, obtendrán los mismos resultados. No importa en qué parte del mundo vivas, tus pensamientos y actitudes crean la realidad en que vives. Si quieres cambiar tus resultados, empieza cambiando tu manera de pensar. Debes saber lo que quieres y adiestrar tu mente para desarrollar un enfoque inquebrantable que le dé forma a tu realidad.

Se crea una distancia entre lo que quieres y tu realidad cuando dices que quieres algo por la mañana, pero durante el resto del día te la pasas teniendo pensamientos destructivos u opuestos a tus metas. Aquí yace la importancia de crear hábitos que modifiquen tus pensamientos y reacciones subconscientes.

Cuando uno hace lo mismo una y otra vez, eventualmente se convierte en algo automático. Por ejemplo, cuando estás aprendiendo a manejar un vehículo de transmisión manual, te cuesta trabajo ya que no tienes la práctica y analizas cada movimiento que haces entre las manos y los pies. Eventualmente te acostumbras y lo haces de manera automática. Igualmente ocurre cuando vas de camino a tu casa y llegas sin darte cuenta. Al engranar un hábito en tu subconsciente, lo haces automáticamente.

Si llevas toda la vida formando hábitos que no te benefician como, por ejemplo: tener miedo constantemente, no creer en ti, no valorarte, pensar que todos te quieren hacer daño o que todos los hombres son malos, sufrirás. Los pensamientos de escasez son difíciles de reemplazar por unos que estén alineados a tus metas y propósito de vida. Esta labor requiere repetición y consistencia. Es tu deber adiestrar tu mente para que genere pensamientos dirigidos a apoyar la creación de tus metas y misión de vida. Tu vibración debe ser igual a la vibración de lo que quieres.

Si haces afirmaciones y tienes tu visión clara, pero sin embargo, sigues sin materializar lo que deseas, muy probablemente se debe a que los pensamientos en tu subconsciente te están llevando la contraria por todo el acondicionamiento negativo que le has puesto a lo largo de tu vida. Debes ser resiliente,[8] tener tu visión clara y seguir re-adiestrando tu mente en la dirección correcta. Sé PERSEVERANTE. La mente es un músculo que debe ser adiestrado constantemente. Es tu obligación obsesionarte con tu meta y adiestrar tu mente de la misma manera que hacen entrenan los deportistas de alto rendimiento. Lo importante es que NUNCA te quites. Fracasar no es caerte; el fracaso es no levantarte una vez más. Todo ser humano exitoso ha "fracasado". El carácter de una persona se sigue construyendo constantemente hasta el día en que muere, por lo tanto, toma nota de las lecciones aprendidas y continua tu camino con empeño e inteligencia.

¿CÓMO PUEDES MONITOREAR TUS PENSAMIENTOS?

Según la página web "Psycology Today" se estima que tenemos entre 25,000 y 50,000 pensamientos diarios, por lo tanto, monitorearlos es una tarea prácticamente imposible. La mejor manera de saber qué tipo de pensamientos están predominando en ti, es observando cuidadosamente y creando consciencia sobre tu estado de ánimo y cómo te sientes durante el día. Si no te sientes bien en un momento dado, es porque estás teniendo pensamientos predominantemente negativos o en dirección opuesta a lo que quieres. Por lo tanto, sugiero que te enfoques en las cosas buenas y por las que estás agradecida en tu vida.

Imagínate exactamente cómo te verías y sentirías en logrando esa meta. Piensa en un momento importante en tu vida en el que lograste algo o piensa en una persona que amas. Lo que decidas pensar es necesario que te haga sentir bien. Esa sensación hará que poco a poco se te haga más fácil sentirte agradecido por lo que tienes y eres. En fin, aquí lo importante es enfocarte en sentirte bien. Si te sientes bien, eliminas las barreras entre tú y tus metas. Hacer lo contrario es contraproducente: te sabotearás y alejaras de todos tus sueños.

No te frustres si al principio no logras hacer este ejercicio exitosamente. Pensar y sentir algo referente a lo que es obvio y puedes ver con tus ojos es fácil. Por el contrario, pensar en algo que es real en tu corazón, pero que no puedes ver a plena vista es mucho más difícil. En otras palabras, sentirte rico teniendo el dinero en el banco es fácil, pero sentirte abundante cuando tienes acreedores llamando a diario para cobrar tus deudas, es difícil y requiere de mucho trabajo y esfuerzo mental. **Debo aclarar que algo difícil no es algo** imposible, pero es tu deber obsesionarte con tus metas y practicar este ejercicio **TODOS LOS DÍAS.** Debes desarrollar la capacidad de mantener un pensamiento continuo y sostenido que haga que te sientas bien la mayor parte del tiempo. Cada vez que te sientas mal, repite este ejercicio hasta que sea un hábito inconsciente

PARÁBOLA: EL PODER DE LAS DECLARACIONES

Un hombre que llevaba días caminando cayó al piso extenuado bajo la sombra de un árbol. "Tengo sed", pensó. Cerró los ojos y puso una imagen clara y vívida en su mente del agua recorriendo su garganta reseca. Abrió los ojos y se percató de que había un estanque con aguas cristalinas cerca de él. Bebió hasta saciarse y continuó su camino: "Un poco de comida, una cama cómoda para dormir, un abrigo para abrigarme por la noche..." seguía declarando.

Cada uno de sus pensamientos se iban haciendo realidad.

Ya quedándose dormido pensó: "Todo esto que me está pasando es increíble. Debe ser cosa del demonio". En eso el demonio se apareció y le dio muerte al peregrino. Si, por el contrario, el hombre se hubiese sentido agradecido y merecedor de todas esas bendiciones, hoy estaría vivo.

Tus pensamientos son poderosos. Escógelos con cautela.

EL PODER DE LA CERTEZA

Durante miles de años, la gente pensaba que era imposible que un ser humano pudiera correr una milla en menos de 4 minutos. Hasta que en 1954, Roger Bannister rompió con este mito al hacer la milla en 3:59.4 segundos. Además de prepararse físicamente para la competencia, creó unas imágenes mentales tan claras que se convenció de que correr una milla en menos de 4 minutos era posible. Luego de este logro, otros atletas tuvieron la certeza de lo que era posible y el récord de Roger duró solo 46 días.

Cuando un ser humano adquiere certeza sobre algo, puede hacer lo imposible.

"La mente y el cuerpo son como universos paralelos. Lo que ocurra en el universo mental deja su huella en el universo físico."
DEEPAK CHOPRA

EJERCICIO DE LOS 17 SEGUNDOS

"No hay cosa más poderosa que la mente humana y quien domina la mente, lo domina todo."

ANÓNIMO

Busca un lugar cómodo. Siéntate con la espalda erguida y relájate. Comienza a decir o pensar afirmaciones positivas como, por ejemplo:

"Estoy feliz y agradecido(a) porque el Universo siempre me protege y quiere que siga creciendo y expandiendo mi conciencia."

Si quieres puedes crear tu propia afirmación:
"Estoy feliz y agradecido(a) porque:

_____

_____

_____

_____

_____

_____

_____

_____

_____

_____

_____

_____

_____

_____

_____

_____

_____

_____

Continúa diciendo o pensando afirmaciones positivas en tiempo presente hasta que te sientas bien. Una vez te sientas bien y estés relajado(a), puedes comenzar el ejercicio:

1. Imagina o visualiza algo específico que quieres manifestar en tu vida.

- ¿Una pareja, un viaje, un carro, un hijo, una casa? ¿Qué estarías haciendo si el dinero no te hiciera falta? ¿Qué harías por placer y no por la paga? ¿Qué tendrías? ¿Cómo se vería? ¿Cómo se sentiría?
- Asegúrate que la imagen que tengas sea lo más vívida posible. Si quieres un carro, piensa en el color, la marca, el modelo, cómo se sienten los asientos, el sonido del motor. Imagínate manejando el carro por la avenida y cómo se sentiría.

2. Ahora, mantén esa imagen fija en tu mente por 17 segundos.[9] Pon un reloj o "timer"[10] para que haga el conteo por ti. Solo te vas a enfoca tenazmente en la imagen de lo que quieres manifestar en tu vida.

- Posiblemente se te hará difícil al principio. Entrarán otros pensamientos o tu enfoque se podrá desviar de la imagen que estás visualizando, pero con práctica podrás mantener esta imagen con sentimientos, olores y todo lo relacionado con estar allí en el presente.
- Recomiendo que practiques algún tipo de meditación por ser la herramienta idónea para desarrollar un enfoque inquebrantable y será muy útil para realizar este ejercicio efectivamente.

3. Una vez domines el enfocarte en esa imagen por 17 segundos, le añades 17 segundos más. Una vez lo domines, nuevamente le añades 17 segundos adicionales hasta que finalmente estarás visualizando de manera enfocada sin interrupciones y con todas tus energías por 68 segundo consecutivos.

- Cada 17 segundos de puro enfoque atrae un nuevo pensamiento exponencialmente más poderoso. Al mantener un enfoque inquebrantable, un pensamiento puro, positivo, fuerte y sin resistencia por 68 segundos, eso que estás pensando estará en camino a manifestarse en tu vida.

"Si logras mantener tu mente enfocada en lo que quieres y lo sientes por un periodo tan solo 17 segundos, hay una explosión que ocurre equivalente a 2000 horas de acción. Ahora, si logras mantener eso por 17 segundos adicionales, lo que te lleva a la marca de 34 segundos, puedes multiplicar eso por 10, lo que es equivalente a 20,000 horas de acción..."

ABRAHAM-HICKS

CAPÍTULO 3

EL PODER DE LA GRATITUD

"La gratitud no solamente es la mayor de las virtudes, sino que es el padre de todas las demás."
MARCUS TULLIUS CICERO

Los poderes que yacen en ti son ilimitados. Son un regalo de Dios para ti y toda la humanidad, pero solo la pueden acceder quienes se alineen a Él.

La forma de despertar esa energía poderosa que yace en ti es a través de un sentimiento profundo y constante de GRATITUD; razón por la cuál es importantísimo que te enfoques en ser agradecida en todo momento sin importar lo que te esté ocurriendo y lo que "aparenta" ser.

Imagínate tu cuerpo como una antena de radio, que con tu mente y pensamientos emiten una frecuencia (vibración), y todo lo que esté en esa frecuencia es captado por esa antena.

Imagínate ahora que todo lo negativo y desagradable se encuentra en una frecuencia baja y que toda la abundancia e ideas de crecimiento y amor se encuentra en una frecuencia alta. Tu antena (tu mente) recibe información dependiendo de la frecuencia en la que se encuentre (pensamientos negativos vs. pensamiento positivos; honestidad vs mentira, amor vs. miedo). Para poder conectarte con la vibración de la alegría, de la abundancia material y espiritual, del AMOR (que es Dios), de las cosas que quieres en tu vida y con las respuestas

a tus preguntas para conseguir tus sueños y alcanzar tu propósito en esta vida, necesitas vibrar a una frecuencia alta y
específica. **Esa frecuencia es: GRATITUD.**

El Principio de Vibración establece que todo está en
movimiento, que todo vibra. Los pensamientos positivos vibran a una frecuencia muy alta y, por el contrario, los pensamientos negativos vibran a una frecuencia baja.

La vibración crea un tipo de magnetismo que atrae
otra vibración similar. Por eso, lo bueno atrae lo bueno y lo
malo atrae lo malo. Tu estado de ánimo emite vibraciones que
chocan con otras mentes de igual vibración. Por lo tanto, una
persona con un arrebato de cólera emana vibraciones de rabia
o coraje que atrae personas y circunstancias con la misma
vibración. Por ejemplo, si una persona empieza a gritar en
medio de un tumulto, otros van a empezar a gritar, y la energía
similar empieza a incrementar hasta que se produce un caos,

un motín y hasta un crimen si las personas no saben cómo controlar sus mentes. Para no ser dominada por la energía de baja vibración y poder controlar tu mente, tienes que sentir Gratitud por todo lo que tienes, amor propio para una auto-estima saludable y enviarle bendiciones para los demás.

Por lo tanto, a través de un sentimiento **PROFUNDO y CONSISTENTE de GRATITUD, te conectas al PODER UNIVERSAL de Dios,** con el Universo, con la Sustancia Creadora, con el Poder Divino, con el Gran Arquitecto del Universo, con Shiva y con toda energía benevolente que te alinea con todas las demás virtudes y poderes que catapultan tu ser para desarrollar al máximo tu potencial. Una excelente manera de poner esto en práctica es llevando a cabo el "Ejercicio de los 17 Segundos" que mencionamos en el Capítulo titulado "El Poder del Enfoque". Lleva a cabo ese ejercicio enfocándote en sentimientos de gratitud y verás grandes e inmediatos resultados.

Puede ser complicado adiestrar tu mente y cuerpo a enfocarse en Gratitud, pero te garantizo que es más difícil, complicado y desagradable hacer cualquier otra cosa sin antes sentirte agradecida.

Si algo quiero que te lleves de esta guía práctica, es que tu enfoque principal debe ser en adiestrar tu mente y tu cuerpo a tener un sentimiento profundo, consistente e inquebrantable de **GRATITUD.** Toma nota de esto. Apúntalo en un papel, en tu libreta, en la pared de tu oficina, como parte de tus afirmaciones y de tus metas. Debes sentir, respirar y transmitir **GRATITUD.** Si lo logras, tu vida será más placentera, alcanzarás satisfacción por lo logrado en este plano material y la calidad de vida tuya y de los que te rodean aumentará exponencialmente.

Debes saber que hay algo en este Universo que es más grande que tú y que todos nosotros; y que ese algo quiere que logres tu potencial. Es tu responsabilidad como ser humano tener una idea clara y vívida de lo que quieres manifestar y experimentar en tu vida (intención) y dominio suficiente de tu mente para mantener un contacto directo y consistente con el **PODER UNIVERSAL** a través de un sentimiento profundo de Gratitud (visualización) para que una vez estés conectada con esa vibración, tomes ACCIÓN enfocada y dirigida en un solo punto. Ese es el secreto guardado por milenios y revelado a muy pocos en la historia de nuestra humanidad.

PARÁBOLA: QUIEN AYUDA, SERÁ AYUDADO

Un esclavo llamado Caonabó se escapó de su amo y huyó hacia el bosque. Merodeando entre los árboles se encuentra con un león quejándose de dolor. Cuando Caonabó se le acerca al león, este, estira una de sus patas y le muestra su garra hinchada y ensangrentada. Caonabó se percata que el león tiene una espina muy grande atravesada en su pata causándole mucho dolor. Le sacó la espina y envolvió su pata y a los pocos minutos, el león se pudo parar y comenzó a lamer la mano de Caonabó como un perro.

El león se lo lleva a su cueva y todos los días le llevaba carne para comer y poder sobrevivir. Poco tiempo después el león y Caonabó fueron capturados y condenaron al esclavo a ser tirado al león luego de haberlo dejado sin comer por varios días.

El emperador y su corte salieron a ver el espectáculo. Soltaron a Caonabó en medio del anfiteatro, y minutos más tarde soltaron al león. Este salió corriendo hacia el esclavo para devorarlo. Cuando se le acerca, reconoce a su amigo, le hizo reverencia y le lamió las manos como un perro juguetón.

El emperador y todos los espectadores estaban sorprendidos. Llamaron a Caonabó y este le contó la historia al emperador quien lo perdonó y liberó, y al león lo soltaron nuevamente al bosque.

El que da, recibe; y el que agradece es liberado. Servir y ayudar a los demás crea doble bendición pues se benefician ambas partes. Seamos agradecidos siempre por los regalos de la vida y por la oportunidad de servirle a los demás. La vida da vueltas y en el momento menos esperado, recibirás una ayuda inesperada del Universo. **Si agradeces lo que tienes, NADA TE FALTARÁ.**

Para una vida abundante y llena de bendiciones, es obligatoria una actitud de gratitud. Seamos ambos, el esclavo y el león.

SÉ AGRADECIDA EN TODO MOMENTO

Muchas personas trabajan fuertemente, saben lo que quieren, luchan por ser mejores seres humanos, pero cortan la comunicación con el Universo cuando, luego de recibir las bendiciones y regalos, se olvidan de sentirse agradecidos. Es necesario sentir agradecimiento por todo lo que te ocurre si quieres seguir recibiendo creces. El agradecimiento te pone en la vía de la abundancia y tus sueños. No ser agradecida es equivalente a salirte del camino donde yace el Poder Universal y aferrarte en el camino de la pobreza material, del alma y del espíritu. Si tienes algún sentido de supervivencia, se agradecida. Si quieres vivir en desesperanza, en pobreza espiritual y material y que todos a tu alrededor sufran, sé malagradecida o ten apatía hacia los demás y lo que te ocurre. El momento del cambio es ahora, el tiempo para agradecer es en el presente, de lo contrario, prepárate para un futuro muy desalentador.

Debes sentir agradecimiento incluso por lo que no te agrada, porque todo pasa con un propósito y de toda experiencia se aprende algo. No hay errores en la vida a menos que no aprendas de ellos. No hay cosa que te ocurra que no traiga consigo un aprendizaje necesario para lograr tu propósito de vida. Muchas veces, las cosas que aparentan ser negativas son bendiciones disfrazadas. Esas personas en tu vida que te han hecho muchísimo daño son tus maestros espirituales. Vinieron a enseñarte las más preciadas lecciones. Agradéceles. No a ellos personalmente, pero al Universo por ponerlos en tu camino.

"Gratitud es la emoción humana más saludable. Mientras más expresas gratitud por lo que tienes, mayores probabilidades tendrás de tener más cosas por las que agradecer."

Zig Ziglar

En fin, no importa tu situación, si te enfocas en lo positivo, en el aprendizaje detrás de la adversidad, siempre hay cientos sino miles de razones por estar agradecida. Así que si te encuentras en un lugar oscuro donde no ves la salida; con ganas de salir corriendo y meterte debajo de la tierra, el primer paso para ver la luz, encontrar la salida y hallar la respuesta, es buscar la manera de sentir un agradecimiento profundo por lo que tienes, por lo que eres, porque puedes hacer algo por mejorar tu situación y desarrollar tu potencial en esta vida. **Enfócate en lo bueno y en ser agradecida y el mundo caerá a tus pies, las personas te querrán ayudar, la verdad saldrá a relucir y la abundancia en tu vida comenzará a fluir.**

Toda acción tiene una reacción. Una fuerza en una dirección crea una reacción de igual magnitud en dirección contraria. Toda ley, para poder utilizarla a tu favor, debe ser respetada. Igual ocurre con la Ley de la Gratitud. Si eres agradecido y te sientes bien, atraerás más cosas a tu vida que te harán sentir bien y por la que estar agradecido. **En lo que te enfoques, SE EXPANDE. Ya que en algo estarás pensando y algo estarás expandiendo, asegúrate que sea Gratitud, Amor y buenos deseos para la Humanidad y las personas que te rodean.**

A nivel espiritual o karmático, cuando visualizas en tu mente todo por lo que estás agradecida, ya sea por algo que ya tienes o por la expectativa o certeza de que recibirás lo que ahora estás creando con tus pensamientos y sentimientos, esa energía de agradecimiento que estás emitiendo al Universo, por la Ley de Causa y Efecto, la vibración que envías llega directo a donde la enviaste, y el efecto es que esta energía se te devuelve en igual magnitud a ti de manera instantánea. Por otro lado, a nivel físico o material contamos con la Tercera Ley de Movimiento de Newton que en pocas palabras dice que cada pensamiento que tienes se convierte en acción, y eso mismo que creaste irá en dirección contraria hacia ti.

En otras palabras, los pensamientos se convierten en cosas y la gratitud que expreses se te devolverá de la misma manera y más cosas por las que estar agradecido aparecerán en tu vida. De ahí la frase "acércate a Dios, y Él se acercará a ti".[11] Por eso no existen las casualidades ni la suerte. Todo efecto tiene una causa y toda causa tiene un efecto, por lo tanto, lo que existe son las causalidades. El agradecimiento y los sentimientos de gratitud te permiten "causar" las situaciones que experimentas y te convertirte en la Arquitecta de tu vida que dibuja su futuro a su gusto y conveniencia. La ausencia de gratitud, estar siempre quejándote o responsabilizando a otros por tus "desgracias", te convierten en el efecto de lo que te rodea; te hace reactiva en vez de proactiva.

> *"Reconocer lo bueno que ya tienes en tu vida*
> *es base de toda abundancia."*
> **ECKHART TOLLE**

Según un artículo de Harvard Mental Health Letter, "la gratitud está íntimamente relacionada con la felicidad. Quienes son agradecidos experimentan sentimientos más positivos, disfrutan de los buenos momentos, tienen mejor salud, enfrentan mejor las dificultades y desarrollan buenas amistades". [12]

Por otro lado, vale la pena destacar que nuestra mente

está diseñada para ver lo malo y negativo en todo. En alguna época de la historia, tener miedo y ver las posibles amenazas a nuestro alrededor era un mecanismo de defensa efectivo que nos ayudaba a sobrevivir de las fieras salvajes de aquel momento. Ese mecanismo de defensa está obsoleto hoy en día. En casi todo nuestro planeta ya no tenemos que defendernos de un león o de una tribu de caníbales que vivan cerca de nuestros hogares. Ha llegado el momento de reprogramarnos para ver lo positivo en todo y de apreciar y agradecer las bendiciones que nos da la vida. La Gratitud es el guía que te lleva por tu propio camino permitiéndote sobrellevar los aparentes obstáculos de la vida.

En ausencia de Gratitud, tu vida será una letanía, un martirio, lleno de sentimientos de amargura, inconformismo, impotencia: te llenarás de negativismo ante circunstancias fuertes de la vida de las que nadie está exento como lo es la muerte de un familiar o cosas menos trágicas como la pérdida de un trabajo o el robo de un automóvil. Si no lo manejas con premura, con el tiempo solo se pone peor ya que estarás más frágil y las mentes negativas o tóxicas a tu alrededor afectarán tu estado mental con facilidad. Por lo tanto, enfócate en ser agradecida con lo mucho o poco que puedas tener y verás como ese sentimiento te devuelve al camino, igual que mi abuela hizo por mí.

En ocasiones, la vida puede ser cruda, severa, y cómo un huracán puede destruir lo construido, opacar la luz y sacarte del camino. Es la Gratitud la que genera el sentimiento de Fe y Esperanza, que a su vez atrae lo "bueno", apacigua lo "malo" y te muestra nuevamente el camino.

En conclusión, ten buenas expectativas y da las gracias por lo que tienes, porque la Fe mueve montañas y nadie puede tener verdadera Fe, sin haber cultivado un sentimiento profundo de Gratitud.

PARÁBOLA: AGRADECE LO QUE TIENES

En un pueblo remoto se encontraba una niña que era ciega y se encontraba deambulando por las calles. Un día se sentó frente a un edificio, puso su sombrero al lado de sus pies. Con sus manos agarraba un letrero que decía: "Estoy ciega. Por favor ayúdame." El sombrero solo tenía algunas monedas.

Un hombre caminaba por el lugar, vio a la niña, se le acercó, agarró algunas monedas y las echó en el sombrero. Agarró el letrero de la niña, lo volteó del otro lado y escribió algunas palabras. Puso el letrero en una posición que todo el que pasara pudiera leer el nuevo mensaje. A los pocos minutos el sombrero empezó a llenarse. Muchas personas se acercaron a la niña a echarle dinero a su sombrero. Esa tarde, el señor que cambió el mensaje regresó para ver cómo le había ido a la niña con su recolecta.

La niña reconoció los pasos de aquel señor y le preguntó: "Señor, ¿qué ha escrito en mi letrero que ha causado que tantas personas me dieran dinero para poder comer?"

El hombre le contestó: "Escribí el mismo mensaje que escribiste, pero en otras palabras: hoy en un día hermoso pero no lo puedo ver".

El primer mensaje decía que la niña era ciega, pero el segundo expresaba la suerte que tenían los que leían el letrero porque no eran ciegos y podían ver el día hermoso. Muchas veces pasamos por la vida desapercibidos y ocupados pensando en problemas o hacia dónde vamos sin disfrutar el camino y apreciar todo lo que nos rodea. Por lo tanto, para transformar el planeta, no solo es indispensable que seamos agradecidos, pero también es vital que provoquemos que otros sientan esa misma gratitud.

EJERCICIO DE GRATITUD

Haz una lista de 100 cosas por las que estás agradecido(a). Conéctate con tu corazón y empieza la lista. Las vas a terminar más rápido de lo que imaginas. Si te toma 2 días hacerlo, no importa. Continúa hasta que la termines.

Una vez concluyas la lista, observa cómo te sientes. Anota cualquier pensamiento o sentimiento que te llegue a la mente.

Cuando no te sientas bien, cuando hayas tenido un mal día o cuando sientas que algo anda mal, acude a tu lista y léela. Te ayudará a enfocarte en lo que quieres, a crear hábitos positivos que te permitirán mantener el estado mental y anímico requerido para lograr tus metas, atacarás mejor los problemas que se te presenten y con tiempo, consistencia y práctica podrás desarrollar al máximo tu potencial humano.

_____

_____

_____

_____

_____

_____

_____

_____

_____

_____

_____

_____

_____

_____

_____

_____

_____

_____

_____

_____

_____

_____

_____

_____

_____

_____

_____

_____

_____

_____

CAPÍTULO 4

EL PODER DE LA PALABRA

"¡Pero no digas no puedo ni en broma!
Porque el inconsciente no tiene sentido del humor,
lo tomará en serio y te lo recordará cada vez que lo
intentes."

FACUNDO CABRAL

Las palabras y los pensamientos son amigos. Lo que piensas, se convierte en lo que dices; lo que dices y piensas se convierte en un hábito, y ese hábito trae los resultados que tienes en tu vida. La palabra es parte de la energía creadora que traduce lo intangible en tangible; que impacta la materia y modifica su forma. Lo que dices una y otra vez se convierte en tu realidad e impacta todo a tu alrededor.

Las palabras de por sí no son poderosas: el poder está en el significado que le des a ellas con tus pensamientos y emociones. Sin embargo, las palabras que salen de tu boca deben tener algún significado para ti, por lo tanto, es vital que cuides tu vocabulario, lo que dices y muy en especial, la manera en que lo dices. Tus palabras acarrean una emoción y estas dos son muy difícil de separar, así que si modificas tu vocabulario, modificarás tus emociones y estado mental.

Siempre sé cautelosa con lo que dices. Si no tienes el dinero que deseas, no has encontrado a tu media naranja, o no has logrado los resultados que añoras, observa lo que dices y mejora tu vocabulario: las palabras tienen el poder de edificar o destruir.

"Las palabras cortan más que los cuchillos.
No perforan la piel, pero rasgan el alma."
ANÓNIMO

¿Qué viene primero: la palabra o la actitud? Todo esto es un ciclo que no tiene fin. La influencia va en ambas direcciones. Las palabras crean tu actitud y tu actitud define el tipo de palabra que saldrá por tu boca. Una actitud positiva genera palabras y pensamientos positivos y viceversa. Por eso es tan importante que cuides los que dices y escojas tus palabras con mucha cautela. La manera como te expresas y las palabras que utilizas influencian tu actitud de la misma manera que nuestra actitud le da forma a nuestras palabras y manera de expresarnos.

Utilizar las palabras correctamente, de manera positiva y dirigidas al bien que deseas estimula la producción de endorfinas[13] en tu cerebro, lo que a su vez produce un sentimiento de bienestar que de manera prolongada te mantiene por el sendero de la felicidad.

Los sentimientos y las emociones tienen mucha similitud. Según mi experiencia e investigación previa, las emociones son a corto plazo, de poca duración y se experimentan en una dosis más alta y de sopetón. Una emoción prolongada se convierte en un sentimiento que es menos abrupto y más fácil de manejar. Es importante que monitorees tus emociones cuando tengas ansiedad, sientas mucha presión en tu trabajo o en situaciones de vida o muerte, ya que tus emociones pueden traicionarte. Adiestra tu mente a mantener siempre un estado de serenidad ante cualquier situación.

PARÁBOLA: LOS CLAVOS EN LA PUERTA

Había una vez una niña que tenía muy mal genio y peleaba con todo el mundo. Un día su padre decidió darle una lección. Llegó el cumpleaños de la niña y el padre le entregó una caja envuelta en papel de regalo. La niña rápidamente abrió el paquete y se sorprendió cuando encontró un martillo con una caja de clavos. El padre le dijo: "hija mía, te entrego una caja de clavos junto a este martillo para que cada vez que te enojes, que le faltes el respeto a mi o a tu madre, que le grites a tus compañeros de clase, o cada vez que digas cosas feas, aunque estés sola, vayas al patio y claves un clavo en la madera que te puse recostada de la verja".

Al otro día, la niña comenzó su asignación. Clavó 45 clavos en la madera. Con el paso de los días, la niña fue controlando mejor su rabia porque le era más fácil controlar su mal genio que clavar los clavos en la madera. Al cabo de un mes, la niña logró estar un día sin molestarse y sin maldecir a nadie por lo que ese día no fue al patio a clavar un clavo en la madera. Al otro día, fue rápidamente a donde su padre a darle la gran noticia.

El padre orgulloso le dio ahora otra asignación. Le dijo que por cada día que lograra controlar su temperamento debía sacar un clavo de la puerta con ese mismo martillo. Los días transcurrieron y al cabo de algún tiempo, la niña logró quitar todos los clavos de la madera. El padre, que no sabía cómo esconder su alegría, tomó de la mano a su hija y con mucho amor le dijo: "Has hecho una excelente labor hija mía y por ello estoy muy orgulloso de ti. Pero mira bien los agujeros que dejaste en la madera. JAMÁS VOLVERÁ A SER LA MISMA. Cuando le dices cosas a las personas o a ti mismo en momentos que sientes *coraje o cuando tienes mucha rabia, esas palabras dejan una cicatriz igual que la que le has dejado a esa madera". Finalmente, la niña comprendió la enseñanza de su padre y pudo experimentar el poder que tienen las palabras tanto para construir como para dejar cicatrices.*

Las palabras son tan poderosas, que si no tienes nada bueno que decir es mejor que no digas nada porque la palabra que menos hiere es la que no se dice. Al molestarte y llenarte de ira, te haces más daño a ti misma con tus propias palabras dañinas que el daño que le puedes hacer a los demás. Por lo tanto, en esta parábola, las cicatrices en el corazón de la niña eran más grandes que las que él había provocado en la madera. Lo bueno o lo malo que digas o hagas, se te devolverá.

SI QUIERES ALGO, PÍDELO EN VOZ ALTA

Si quieres algo, debes pedírselo al Universo en forma de decreto o postulado. Según la Real Academia española, la palabra "decretar" es un "dicho de la persona que tiene autoridad o facultades para ello". Es también "resolver" o "decidir". Por otra parte, la palabra postulado viene de la palabra "postulātum" que a su vez significa "demanda" o "petición". La definen como una "proposición cuya verdad se admite sin pruebas para servir de base en ulteriores razonamientos". Un postulado es una decisión que hace una persona para resolver un problema estableciendo una pauta para el futuro o anulando una pauta del pasado. Si postulas que todos los hombres son malos o que todos los hombres son infieles, eso mismo experimentarás. No te quejes luego si tus parejas siempre son "malas" o "infieles". Debes cambiar ese postulado o creencia para crear una nueva realidad sobre las personas que te rodean y las experiencias que tengas. En fin, debemos cuidar nuestros pensamientos y lo que vamos a decir: la comunicación y los postulados que tengas crean cambios profundos en tu alrededor.

A lo que me refiero cuando digo que lo "pidas en voz alta" es que repitas frases o afirmaciones con autoridad (porque la tienes) y con la certeza de que el resultado se va a concretar. No puedes permitir que entre duda alguna en tu mente. Tampoco cuestiones el resultado si no sabes cómo ocurrirá o si parece algo imposible de lograr. Este ejercicio es sencillo, pero conlleva mucha práctica para hacerlo correctamente.

Gran parte del tiempo nos pasamos quejándonos de lo que no nos gusta, lo que no queremos o no tenemos. Cuando te quejas, te enfocas en lo que no te gusta y cuando te enfocas en algo, la vida te dará más de lo mismo. Hay un dicho que dice: cuidado con lo que pides, que se puede hacer realidad ya que en lo que te enfocas, se expande en tu vida. Esa aseveración, además de correcta, contiene mucha sabiduría. El Universo es como un Genio en la lámpara mágica: lo que ordenes, te lo dará. Así que si no tienes lo que quieres, tus órdenes al Universo deben cambiar.

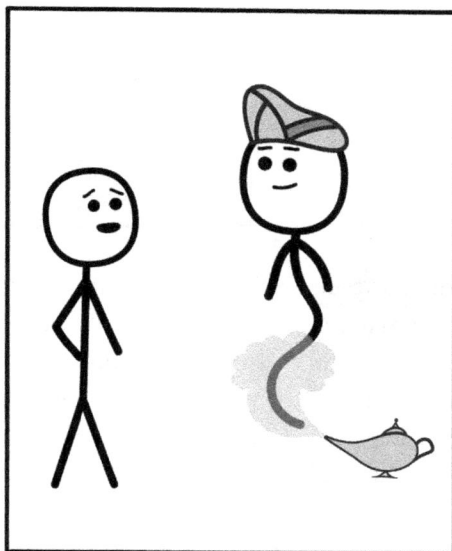

Tu subconsciente no entiende negativos. Por ejemplo, si te digo: NO PIENSES EN UNA SILLA MARRÓN. Tu mente buscará en su archivo de imágenes una representación de una silla marrón y eso es lo que visualizarás. Así que ordenarle a tu cerebro que vea la silla marrón, como que NO la vea, tiene el mismo resultado: verás la silla marrón a través de una imagen mental.

La mente subconsciente omite los NO o negativos. Por lo tanto, tus afirmaciones deben ser en el tiempo presente y de manera positiva. **No es lo mismo decir "no me quiero morir" a decir "quiero vivir" o en vez de decir "todos CONTRA el cáncer", debemos decir "todos a favor de la sanación".** ¿Ves la diferencia?

Madre Teresa de Calcula entendía bien esta realidad. Una vez la invitaron a una marcha en contra de la guerra a lo que ella respondió: "No me inviten a una marcha en contra de la guerra, invítenme a una marcha a FAVOR DE LA PAZ y seré la primera en asistir".

¿Quieres cambiar tu vida? ¿Quieres vivir en abundancia y cumplir tu propósito de vida? Utiliza el poder de la palabra a tu favor, cambiando tu vocabulario negativo por uno positivo: uno a favor de lo que deseas y no en contra de lo que quieres combatir. Elimina el "no a la violencia" o la "lucha en contra de cáncer". Eso solo perpetuará la violencia y el cáncer en nuestra sociedad.

Si quieres ser feliz, desarrollar tu potencial al máximo y llevar a cabo tu propósito de vida, asegúrate de no llevarte la contraria con palabras y declaraciones consientes o inconscientes ya que así jamás llegarás a tu apreciado destino. Si utilizas un vocabulario pesimista y destructivo, eso mismo se reflejará en tu realidad: una vida llena de pesimismo y destrucción. Por lo tanto, tu futuro, metas y destino, dependen de tus palabras: escógelas bien.

Enfócate en utilizar palabras positivas y llenas de amor. Cuando no te sientas bien comienza un monólogo contigo misma que resalte tu grandeza y reconozca las bendiciones que ya tienes en tu vida. Para lograr esto, utiliza el poder de las afirmaciones. **Escribe afirmaciones positivas en algún lugar de fácil acceso y léelas al menos 2 veces al día y cada vez que tengas algún contratiempo o no te sientas bien por la razón que sea.** Yo guardo las mías en un programa que sincroniza y provee la data en mi celular y computadora para tener acceso a ella en todo momento.

La persona promedio no escribe sus afirmaciones y mucho menos las ejecuta. Si lees y escribes tus afirmaciones por lo menos 2 veces al día, las habrás escrito y leído al menos 730 veces al año.

Crea el hábito de repetir afirmaciones positivas y de visualizar lo que quieres en tus momentos de ocio. En vez de ver una serie de televisión, una novela o alguna película, considera reemplazar parte de ese tiempo contemplando lo que quieres crear en tu vida. **Esta rutina, a través de la repetición, creará un hábito poderoso en tu vida que hará**

que pases esa información de tu consciente a tu subconsciente y la experiencia visualizada la manifiestes en tu vida.

Puedes complementar tu rutina escuchando tu propia grabación recitando con emoción tus afirmaciones. Esto permite que te escuches en el carro, en tu casa o siempre que tengas acceso a tu celular. Asegúrate de escuchar tus afirmaciones prestando atención a tus palabras, visualizando lo que dices y con un sentimiento profundo y continuo de GRATITUD.

> *"La Lengua es una espada de doble filo, con ella podemos bendecir o maldecir, edificar o derribar, animar o abatir, transmitir vida o muerte, aceptar o rechazar, perdonar o condenar."*
> **Mateo 12: 36 y 37**

Aquí te incluyo algunas afirmaciones para que utilices el poder de la palabra a diario y consistentemente.

1. "Gracias porque tengo vida, un techo y personas que me aman igual que me amo yo."

2. "Amo lo que hago. El servicio es mi pasión."

3. "Soy una persona buena, grandiosa y amada por todos."

4. "El Universo quiere que prospere. Gracias por apoyarme en todo."

5. "Gracias porque estoy en perfecto estado de Salud."

6. "Tengo todo lo que necesito. No pido más riquezas, pero sí más sabiduría para poder utilizar sabiamente las

riquezas que me diste al nacer, las cuales consisten en el poder de controlar y dirigir mi propia mente hacia lo que deseo."

7. "Yo domino mi mente y por lo tanto toda mi vida."

8. "Yo utilizo el miedo como gasolina para tomar acción y lograr mis metas."

9. "Mi éxito es inevitable."

10. "Cada día me amo más."

11. "Auto control es FUERZA, el pensamiento correcto es MAESTRÍA, tranquilidad es PODER. Le digo a mi corazón: paz, tranquilidad."[14]

12. "¡Hoy el mundo está conspirando para hacerme bien, y estoy a punto de ver que es lo que tiene para mí!"[15]

13. "Mis Ángeles Guardianes (Guías Espirituales) me rodean y protegen en todo momento."

14. "Gracias porque controlo mi mente y la enfoco para una Vida consciente y llena de abundancia."

15. "¡Gracias porque mi situación económica es muy próspera y cada día se pone mejor!"

16. "Atraigo dinero con facilidad. Soy un imán de dinero."

El uso correcto y repetitivo de nuestro lenguaje a través de la palabra es una manera poderosísima de crear los resultados positivos que deseas en tu vida.

EJERCICIO PARA CREAR
AFIRMACIONES

Escribe tus afirmaciones y de ahora en adelante, léelas en voz alta y memorízatelas. Puede ser una sola afirmación, pero no más de 15; deben contener un mensaje que llegue a tu corazón y que cuando las repitas te ayuden a enfocarte en tus metas más importantes y sobretodo a sentirte bien y agradecida.

Recuerda que las afirmaciones se estructuran en un tono positivo y en un lenguaje que demuestre que ya tienes lo que quieres y que envuelvan un sentimiento de gratitud porque ya se ha manifestado en tu vida.

Comienza: "Estoy feliz y agradecida porque":

_____

_____

_____

_____

_____

_____

_____

_____

_____

_____

_____

_____

_____

_____

_____

_____

_____

_____

_____

_____

_____

_____

_____

_____

_____

_____

_____

*"Pedid, y se os dará; buscad y hallaréis;
llamad, y se os abrirá. Porque cualquiera que pide,
recibe; y el que busca halla; y al que llama, se
abrirá."*

MATEO, CAPÍTULO 7, VERSÍCULOS 7-8

CAPÍTULO 5

EL PODER DE LA ACTITUD

"La única discapacidad en la vida, es una mala actitud."

RALPH MARSTON

Para obtener el resultado que deseas en tu vida es muy importante que tu actitud sea la apropiada. Hay quienes dicen que la actitud lo es todo porque no importa lo que te suceda, una buena actitud te sacará del atolladero. Puedes elegir quejarte y ser una víctima de tus circunstancias (internas o externas), o puedes enfocarte en ver el lado positivo y la enseñanza detrás de todo lo que te ocurra. Elige ver todo como un milagro o regalo del Universo y empezarás a notar el aprendizaje que necesitas para llegar desde donde estás, hacia dónde quieres llegar. No podrás controlar todo lo que suceda, pero sí tu reacción a las cosas que pasen a tu alrededor.

¿Qué hacían los antiguos filósofos? Observaban e imitaban a la Naturaleza.

Lo creas o no, todas las situaciones que te han ocurrido en tu vida siempre tienen uno o varios propósitos. Siempre son una oportunidad de aprendizaje; son diamantes disfrazados de carbón. A simple vista no puedes ver que es un diamante, pero si observas bien, comenzarás a ver el brillo del diamante.

La persona que cree que se lo sabe todo, en ese mismo momento, dejó de aprender y de crecer. Y quien deja de crecer, comienza a morir lentamente.

La diferencia entre la persona que aprende de una situación y la que no aprende y sigue cometiendo los mismos errores, lo es su actitud. Una actitud positiva crea resiliencia, nuevas oportunidades, mejor comunicación con los demás, determinación y te acerca a tus resultados a pasos agigantados.

Si tienes una buena actitud, atraerás a otras personas con buena actitud y le elevarás la vibración y estado emocional a las que se acerquen a ti con mala actitud. La buena actitud es contagiosa: úsala a tu favor.

Al momento de obtener los resultados que quieres en tu vida debes hacer una distinción entre lo que puedes controlar y lo que no. Asegúrate de ejercer control sobre lo que está en tus manos cambiar para que el resultado sea el deseado.

PARÁBOLA: LA HISTORIA DEL CANTANTE FRACASADO

Una periodista había seguido la vida de dos cantantes, que, vistos desde lejos, aparentaban ser personas muy similares, sin embargo, tenían resultados muy diferentes: una de ellas era exitosa y conocida mundialmente y la otra no era famosa y no había podido crear ingresos suficientes con su música.

La periodista entrevista a ambas cantantes y al finalizar, logró descubrir la diferencia más grande entre ellas. ¿Qué ocurre minutos antes de subir a tarima cuando participan en un espectáculo? Pregunta la periodista.

La cantante fracasada le dice: "Cuando estoy a punto de salir en tarima, las manos me sudan, me da dolor de barriga, empiezo a temblar y pensamientos negativos invaden mi mente. Cuando llego a la tarima, nervios me atacan, me paralizo y cuando gritan mi nombre, regreso con miedo al camerino".

La cantante exitosa le contesta: "Cuando estoy a punto de salir en tarima, las manos me sudan, me da dolor de barriga, empiezo a temblar y cuando pensamientos negativos empiezan a invadir mi mente, tomo acción inmediatamente, trepándome a la tarima y cuando los nervios me atacan, empiezo a gritar y a animar al público. En cuanto escucho el bullicio y alegría de la gente, me calmo y continuo el repertorio para el deleite de mi fanaticada".

"Siente el miedo y hazlo como quiera."
SUSAN JEFFERS

CÓMO OBTENER EL RESULTADO DESEADO

Imagínate la siguiente fórmula:

Evento + Actitud = Resultado[16]

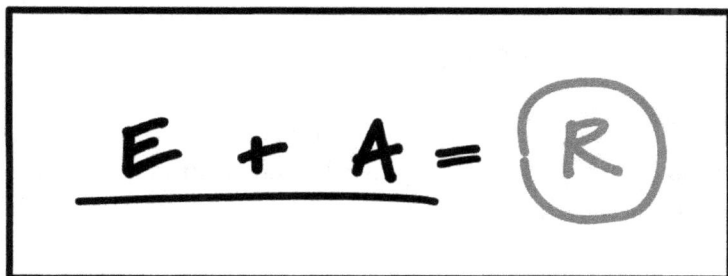

$$E + A = \boxed{R}$$

Los eventos o circunstancias en tu vida son algo que no puedes controlar. Es algo que ya pasó o está pasando. Lo único que puedes controlar es la manera en que reaccionas a lo que te ocurre y no puedes controlar. Aunque tienes la capacitad y fuerza para modificar e influenciar lo que te ocurra en un futuro, lo que va a impactar positivamente tu entorno y tu estado mental de manera inmediata es una BUENA ACTITUD. De manera que, si lo único que puedes controlar es tu actitud ante una situación inesperada o desagradable, para lograr el resultado específico que deseas es imperativo que mantengas la calma y una mente positiva en todo momento independientemente la situación que puedas estar pasando.

Utilicemos la fórmula E + A = R antes mencionada. Vamos a darle un valor de 2 puntos a "E" y de 10 puntos a la "R". Cuando sustituyes la E por el número 2 y la R por el número 10 tendremos que:

$$2 + A = 10$$

¿Cuál debe ser tu actitud o respuesta a la situación? Si el evento fue malo, al que le dimos un dos (2) y queremos un resultado bueno, la que le dimos un (10), tu actitud que es lo único que puedes controlar, deber ser un número 8. Esto es álgebra básica. Veamos:

$$2 + A = 10; \qquad A = 10 - 2; \qquad A = 8.$$

Llenemos la fórmula ahora: $2 + 8 = 10$

Esto significa que para obtener el resultado que quieres, en esta situación hipotética, necesitas una actitud de 8 puntos. Si sabes el resultado que quieres y el evento no lo puedes controlar, debes tener una actitud positiva y la reacción adecuada ante situaciones adversas para obtener el resultado que quieres según el evento que está ocurrido.

Ejemplo:

Si alguien te dice "estúpido" o "estúpida" puede que te moleste, puede que te haga reaccionar de manera agresiva. Sin embargo, lo que la gente dice sobre ti no te afectará si no lo permites. Como dice el Dalai Lama, **algunas personas se pasan echando basura por todas partes; no permitas que la tiren en tu cabeza.** La manera en que te sientas luego de un insulto dependerá enteramente de tu respuesta a ese evento.

Si tu meta o enfoque es en sentirte bien, no puedes molestarte o reaccionar violentamente porque el resultado será de malestar y hasta de una posible pelea. Este estado emocional negativo puede durarte horas y hasta días después del evento. Si, por el contrario, te ríes y sigues caminando, habrás alcanzado tu objetivo de mantenerte serena y en paz. ¿Ves? La única diferencia es tu actitud.

Lo único que podemos controlar son nuestros pensamientos, imágenes y nuestro comportamiento. **Elimina las frases "yo no puedo" y "no aguanto más" de tu vocabulario y enfócate en tener la actitud correcta para obtener el resultado deseado.** Recuerda: el único que te limita eres tú misma. Cambia tu actitud y cambiarán tus resultados.

LA ALEGRÍA Y LA BUENA ACTITUD SON CONTAGIOSAS

Una persona positiva atrae gente positiva y puede mejorarle el ánimo a cualquiera en segundos. Personas estudiosas en el tema, **han descubierto que la risa es curativa y que debemos reírnos por un minuto consecutivo, no menos de 3 veces al día.** Se ha encontrado que la risa es la mejor medicina preventiva sin efectos secundarios y es esencial para que una persona tenga una mejor calidad de vida ya que, entre otras cosas, te hace más feliz y saludable.

Un estudio llevado a cabo por las psicólogas Tara Kraft y Sarah Pressman, de la Universidad de Kansas, EE.UU. y publicado en la revista "Psychological Science", concluyó que la risa tiene un efecto químico en el cuerpo a un nivel que provoca en quien sonríe un bienestar físico de 24 horas de duración.

Los efectos positivos de la risa se han estudiado de manera terapéutica desde hace más de 40 años. Con el tiempo se ha desarrollado lo que conocemos como "Risoterapia". Su efectividad se basa en que logramos engañar al cerebro porque no es capaz de distinguir la risa real y genuina de la provocada artificialmente. Por lo tanto, la risa comienza siendo forzada hasta que al final, luego de varios segundos es una real y contagiosa.

La "Risoterapia" es practicada generalmente a través de sesiones grupales en donde alguien se empieza a reír, y dicha risa se va contagiando de persona a persona. Se crea un efecto grupal que estimula hasta a las personas que normalmente no reirían o las personas que en ese momento no se sientan bien. La UNICEF utiliza la "Risoterapia" para animar a niños que han sobrevivido a un desastre natural.

Según la Dra. Esther Quintero Cartagena, psicóloga clínica, esta técnica, pero con un nombre distinto era practicada anteriormente por los chinos. **"Así como la iglesia está abierta para orar, los chinos tenían unos templos designados para que en algún momento del día las personas se reunieran para reírse con la finalidad de equilibrar su salud. La Risoterapia es una serie de ejercicios físicos y de visualización que busca obtener unos beneficios en quienes lo practican."**

Para que puedas beneficiarte de la Risoterapia, debe ser algo voluntario. Vas a modificar o provocar cierto estado de ánimo en ti por lo que debe haber disposición de tu parte. No es ver esto como una reunión para hacer chistes. Es mucho más que eso.

EJERCICIO DE RISOTERAPIA

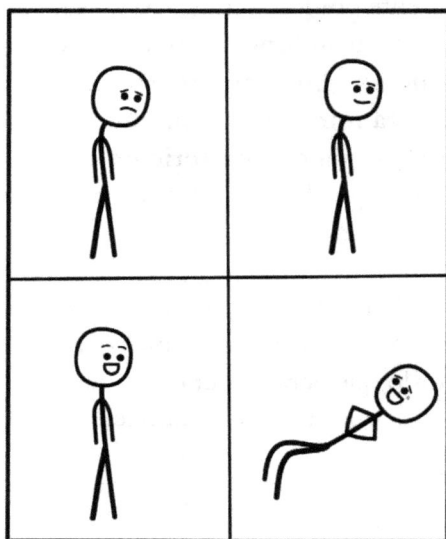

Empieza a reírte, aunque no tengas ganas. Hazlo forzosamente de ser necesario hasta que se haga natural. Sigue riéndote. Verás cómo poco a poco la risa empezará a ser real. Te empezarás a reír a carcajadas y te sentirás mucho mejor. **No pares de reírte hasta que no puedas parar de la risa.**

Como norma general, la "Risoterapia" se hace en grupo, pero eso no impide que lo hagas en donde desees de manera individual.

APRENDIZAJE DE ESTE EJERCICIO Y DE LA RISOTERAPIA EN GENERAL

Lo bueno y lo malo es contagioso. Enfócate en contagiar a los demás con una alta dosis de positivismo y alegría por vivir la vida. Ríe a diario. Eso mejorará tu calidad de vida y la de todo el que te rodea. Si tu entorno mejora, mejora tu calidad de vida. Si tu calidad de vida mejora, las personas a tu alrededor se benefician, por lo tanto, nunca sientas envidia y alégrate cuando las personas que conoces y te rodean mejoran. Por último, combate la mala actitud con risa, palabras positivas y pensamientos de gratitud.

Por ejemplo, si no tienes una lancha, pero una amiga se compra una, tus probabilidades de montarte en una lancha aumentan. La manera más fácil de montarte en un carro exótico es tener un amigo o amiga con un con un carro exótico. En vez de sentir envidia, siéntete agradecido de tener personas que estén triunfando a tu alrededor.

Asegúrate de que la actitud que tengas siempre mejore tu entorno, que contagie a los demás con alegría y que atraiga gente igual o mejor que tú. Según Jim John y otros tantos expertos en la materia, eres el promedio de los hábitos de las cinco (5) personas con las que más tiempo pases. Por lo tanto, si me dices con quién te rodeas a diario, sabré cuán lejos llegarás en la vida. Si las cinco (5) personas que te rodean tienen problemas económicos, muy probablemente tú también los tienes. Por el contrario, si el promedio de las cinco personas con las que pasas la mayor parte del tiempo hacen ejercicios y se alimentan bien, con gran seguridad, puedo decir que eres una persona que se ejercita, saludable y con una buena alimentación. Aquí yace la importancia de escoger bien a tus amistades y a las personas que dejas entrar en tu vida. Cambia tu actitud y cambiarán tus resultados.

CUIDA TU ENTORNO: ESCOGE BIEN TUS AMISTADES Y CON QUIÉN INVIERTES TU TIEMPO

Si quieres llegar lejos, necesitas rodearte de personas que apoyen tu visión y que se alegren de tus logros. Necesitas el "vehículo" correcto que te acerque a tu meta y debes asegurarte de que no haya nadie a tu alrededor apretándole los frenos a tu vehículo sin que te estés dando cuenta.

Luego de un sinnúmero de estudios, algunos de ellos experimentos hechos por L. Ron Hubbard y expuestos de manera concisa en algunos de sus libros, se ha probado que cuando las cosas no salen bien o cuando se trabaja, pero no se logran los objetivos en una empresa, se debe a lo siguiente:

1. Los altos ejecutivos o jefes de sección no saben que es lo que tienen que hacer; o cuando saben lo que tienen que hacer, no lo saben expresar correctamente a los demás trabajadores de la compañía.

2. Si luego de hacer un análisis, se dan cuenta que, en efecto, sí saben qué tienen que hacer y lo están comunicando efectivamente, entonces el próximo paso sería identificar si hay alguien en el equipo de trabajo que no quiere que se logren los objetivos.

¿QUÉ PODEMOS APRENDER SOBRE LO ANTERIOR?

El tipo de viaje, la calidad, la velocidad, la comodidad y cuán lejos llegarás depende del vehículo, del piloto y del equipo de trabajo. Igual que en las empresas, si las cosas no te están saliendo bien, es porque estás haciendo algo mal o porque hay alguien cercano a ti que no quiere que salgas adelante. Nuevamente, escoge bien tus amistades y las personas con las que pases la mayor parte de tu tiempo.

Jamás pongas en duda el gran poder que yace en ti y los poderes a los que tienes acceso. Una convicción profunda es inquebrantable contra cualquier fuerza en su contra. Sin embargo, siempre que sea posible, no te expongas a gente tóxica, negativa y supresiva,[17] ya que el impacto que tiene la gente que te rodea sobre ti es grandísimo. Si no estás mental y espiritualmente fuerte y con un enfoque tenaz e inquebrantable, las personas tóxicas a tu alrededor imposibilitarán tu progreso. Rodéate de personas buenas y que apoyen tu propósito de vida.

Es como tener un carro poderoso con el acelerador y los frenos puestos a la vez. Si haces eso, el vehículo se moverá lento y tarde o temprano dañarás el motor antes de llegar a tu destino. La vida es corta, el tiempo es limitado en este plano y con el cuerpo que posees, por lo tanto, no pierdas el tiempo innecesariamente con personas que nada aportan en tu vida. Desarrolla sentido de urgencia, ama a todo el que te rodea especialmente a tu familia y amistades y **¡SUELTA EL FRENO!**

TRATA BIEN A TODO EL MUNDO

La vida da vueltas y en muchas ocasiones un poco extraña. En mi corta vida he visto como las personas que ofrecen ayuda, son las que menos que te esperabas. O como una persona le hace daño a otra, y más adelante esa persona que hizo daño es salvada por quien maltrató. También he visto como personas tienen problemas, pero gracias a que supieron manejarlos a través de una buena actitud, aprovecharon oportunidades de negocio que le beneficiaron grandemente. Si esas personas hubiesen manejado el problema con una mala actitud, se hubiesen perdido de grandes enseñanzas y oportunidades.

Nunca te "cortes las patas" cómo decimos en Puerto Rico, con otras personas. No trates mal a nadie. Nunca sabes cuándo vas a necesitar de ellos.

¿POR QUÉ MÁS DEBES TRATAR BIEN A TODO EL MUNDO?

1.   La vida te trata como tú tratas a los demás.

2.   No sabes quién te está mirando. Puedes tener al lado a la persona que te puede ofrecer el trabajo de tus-sueños, a una persona que puede darte jugosos contratos para tu empresa.

Da el máximo por tratar bien a todo el mundo. Saluda a todas las personas sin importar si son los jefes o los subordinados o si te saludan de vuelta o no. Trata a todos por igual. Interactuar con las personas te hará sentir bien. Si al principio no te gusta, esfuérzate porque el poder de las relaciones te abre las puertas a nuevas realidades y oportunidades.

Hay empresarios que contactan otras compañías para venderles sus productos, pero se rehúsan a hacerle la presentación a la secretaria del jefe. No se dan cuenta que es el jefe quién muchas veces le delega ese tipo de trabajo a la secretaria y si se lo delega es por 2 razones: (1) porque no le interesa tu servicio, lo que es bueno, porque por lo menos sabes que no está interesado; (2) porque tiene una secretaria competente en la que confía. En ese caso, es la secretaria la que tiene el contacto directo con el jefe y es quien puede convencerlo de contratar tus servicios. Por lo tanto, el tratar bien a la secretaria, el darle la presentación igual que si fuera al jefe, el comunicarte efectivamente teniendo siempre la mejor actitud, puede concretar el negocio que deseas hacer.

Si las cosas no te salen bien, a través de una buena

actitud podrás comprender la lección que dicha situación pretende darte. Te dará la resiliencia para ser flexible y comenzar nuevamente con más fuerza. Recuerda: solo podemos controlar nuestra actitud, y con ella construimos nuestro destino.

Si te enfocas en lo bueno que tiene la vida, atacando las situaciones con alegría, con una convicción clara y un sentimiento profundo de Gratitud vivirás en abundancia e impactarás positivamenete a las personas que te rodean y a todo aquel que interactúe contigo. Vale la pena.

CAPÍTULO 6

EL PODER DE LA RESILIENCIA

"La resiliencia se entiende como la capacidad del ser humano para hacer frente a las adversidades de la vida, superarlas y ser transformado positivamente por ellas."
EDITH GROTBERG

"En tres palabras puedo resumir todo lo que he aprendido acerca de la vida: continúa hacia adelante."
ROBERT FROST

La palabra "Resiliencia" es definida por la Real Academia Española como "la capacidad de adaptación de un ser vivo frente a un agente perturbador o un estado de situación adversos". Viene del término latín resilio, «volver atrás, volver de un salto, resaltar, rebotar»[18]. El término se adaptó al uso en psicología y otras ciencias sociales para referirse a las personas que a pesar de sufrir situaciones estresantes no son afectadas psicológicamente por ellas.[19]

"No sabes lo fuerte que eres hasta que ser fuerte es la única opción que te queda."
BOB MARLEY

Por lo tanto, Resiliencia es la capacidad que tienes de levantarte una y otra vez de los abates de la vida; superar circunstancias traumáticas, momentos tristes o fuertes y seguir adelante con tus metas y propósito de vida. No importan los tropiezos que hayas tenido, es tu responsabilidad levantarte y seguir adelante enfocada en alcanzar tus sueños.

> *"El éxito es la habilidad de ir de fracaso en fracaso sin llegar a perder el entusiasmo."*
> **WINSTON CHURCHILL**

No importa lo que te ocurra en la vida, no fracasas si no te rindes. El día en que fracases, es el día en que dejes de levantarte una vez más. Venimos a este mundo a aprender y el mejor aprendizaje se obtiene a través de los tropiezos y de superar obstáculos.

> *"El fracaso no es caer, es no levantarse una vez más."*
> **PROVERBIO CHINO**

Visualiza la Resiliencia como un saco de boxeo con el fondo lleno de arena. No importa la cantidad de veces que el saco reciba golpes, una vez toca el piso, se endereza rápidamente: siempre cae de pie.

Para ser exitosos en la vida, debemos estar dispuestos a fracasar. El fracaso es parte del juego y el no intentarlo es un fracaso asegurado. Lo importante siempre es levantarnos. Mientras estés de pie, vas ganando la pelea, mientras te vuelvas a levantar, tienes la oportunidad de ganar.

Todas las personas exitosas que han logrado grandes cambios en el mundo tienen al menos una cosa común: resiliencia. Han persistido contra los golpes de la vida y pese a sus "fracasos" o al "que dirán" se han levantado más fuertes y con mayor inteligencia para alcanzar sus objetivos y tomar control de sus destinos.

Algunos ejemplos son: Oprah Winfrey, Steve Jobs, Walt Disney, Michael Jordan, Jack Ma, Abraham Lincoln, Benjamin Franklin, Mohandas Gandhi, entre otros.

A Oprah Winfrey la despidieron de su primer trabajo en televisión. Era una de las anclas de la estación de Baltimore WJZ-TV. Alegadamente, uno de los productores le dijo que no era buena para trabajar en noticias de televisión. Años más tarde, gracias a su programa de Televisión, entre otras cosas, es valorada en sobre $2.6 billones.

Steve Jobs fue despedido de su propia empresa (Apple), sin embargo, continuó su camino trabajando para otras compañías que fundó y alrededor de 10 años más tarde, regresó a Apple con el invento del iPod, iPhone y iPad. El resto es historia.

En 1919, Walt Disney fue despedido de uno de sus primeros trabajos de animación porque un editor del periódico dijo que le faltaba imaginación y no tenía buenas ideas.[20] Luego, adquirió la compañía Laugh-O-Gram, a la que eventualmente llevó a la quiebra. No fue hasta que creó el muñeco animado Mickey Mouse y Disneyland que comenzaron a verse los éxitos. Tuvo más tropiezos, pero finalmente, a los 62 años, había ganado 31 Óscares y era una de las personas más reconocidas en todo el mundo. Hasta el día en que murió hablaba con mucha alegría y entusiasmo sobre un proyecto que tenía en Florida que finalmente, casi 5 años luego de su muerte, se convirtió en Walt Disney World. No solo este hombre fue resiliente, sino que nos enseña que NUNCA es tarde para triunfar: incluso, después de la muerte.

Michael Jordan no logró ser parte del equipo de baloncesto de su escuela. Ese fracaso lo motivó a dar el máximo y hacer quedar mal al "coach" que no puso su nombre en la lista de los seleccionados para el equipo. No solo terminó jugando baloncesto en la universidad, sino que se convirtió en el mejor o uno de los mejores atletas de la historia.

> *"He fallado más de 9,000 tiros en mi carrera.*
> *He perdido casi 300 partidos. 26 veces confiaron en*
> *mí para hacer el tiro que ganara el partido, y fallé.*
> *He fracasado una y otra vez en mi vida. Y por eso,*
> *he triunfado."*
> **MICHAEL JORDAN**

Jack Ma, fundador de Alibaba.com, ha dicho en múltiples entrevistas que creció en una familia pobre en China, que fracasó un examen en la escuela primaria en 2 ocasiones y en 3 ocasiones en un examen en secundaria. Solicitó por 3 años a diferentes universidades y ninguna lo aceptó. Incluso, solicitó en 10 ocasiones a la Universidad de Harvard y como nunca lo aceptaron, decidió someter solicitudes para conseguir un trabajo. Luego de 30 solicitudes, no lo escogieron para ninguno de los trabajos. Intentó trabajar en la policía y hasta en KFC, pero no lo aceptaron en ninguno de los trabajos. Para la solicitud de KFC, Ma dice en una entrevista que 24 personas entregaron la solicitud, y 23 fueron aceptadas. En la policía, solicitaron 5 personas y aceptaron a 4. En ambos trabajos fue el único que no consiguió la plaza. Hoy en día, según la revista Forbes, tiene un valor de $61.3 Billones (diciembre 2020).

Cuando muchas personas ven a estos individuos mega exitosos, piensan que han tenido "suerte", que tenían contactos que los ayudaron y que llegaron a la cima de la noche a la mañana. Pensar así es una manera de justificar tu propio fracaso por "mala suerte" o porque no tengo las "relaciones" o "conexiones" que "tienen" las personas exitosas. Eso es totalmente falso.

Toda persona exitosa ha puesto miles de horas de práctica en lo que hacen, años de sacrificio, momentos de frustración, un sinnúmero de intentos fallidos y a través de la disciplina, resiliencia y consistencia han logrado grandes éxitos. Consciente o inconscientemente aplicaron algunos o todos los poderes secretos que se encuentran en esta guía.

Obsesiónate con tu meta y no pares hasta que lo logres tu cometido. Ten una visión clara de lo que quieres, edúcate, prepárate, pero, sobre todo, lánzate a la conquista de tus sueños y cuando vengan días oscuros, sonríe, agradece y conviértete en el sol que ilumina a los demás.

"El fracaso es una buena oportunidad para empezar de nuevo con más inteligencia."
HENRY FORD

LAS ALAS DEL AVIÓN

*"Al nacer, el ser humano es blando y flexible;
al morir es rígido y duro. Todas las cosas, incluyendo la grama y los árboles son suaves y flexibles
en vida; secos y frágiles al morir.*

*Por lo tanto, la rigidez es compañera de la
muerte; la flexibilidad es compañera de la vida. Un
árbol que no se dobla se parte con el viento.*

*Lo duro y rígido se romperá; lo suave y
flexible prevalecerá.*

*Lo flexible y blando son propiedades de la
vida. Por eso la fortaleza de las armas es la causa
de su derrota y el árbol robusto es abatido. Lo duro
y lo fuerte es inferior y lo suave y
blando es superior."*

**LAO TZU, EN EL VERSO 76 DEL
TAO TE CHING**

Las alas de un avión son un ejemplo de la flexibilidad que necesitas para ser resiliente y lograr tus metas.
Esto se debe a que las alas de un avión no son piezas de
metal rígidas y duras y es precisamente su gran flexibilidad
la que mantiene el avión en el aire. Has una búsqueda en
el Internet sobre las pruebas de estrés que les hacen a los
aviones para que veas lo mucho que pueden flexionar sus
alas. Si las alas de los aviones fueran rígidas y duras, el
avión se estrellaría por la turbulencia y a la primera ráfaga
de viento se despegarían del avión dejándolo caer al vacío.

*"Cuando todo parezca ir contra ti, recuerda
que el avión despega contra el viento,
no a favor de él."*

HENRY FORD

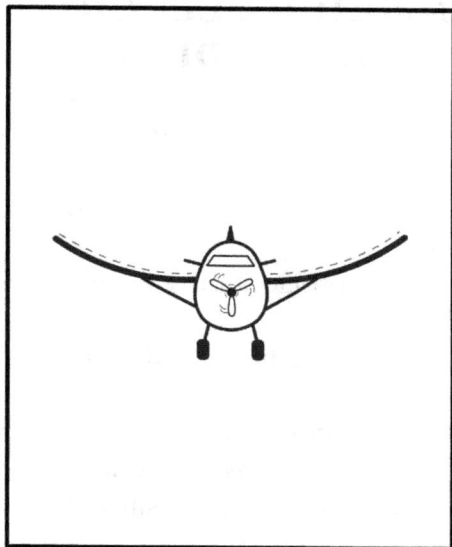

Lo mismo te pasa a ti. Es tu deber y responsabilidad ser flexible ante la adversidad y las situaciones imprevistas. Ajusta tu reacción dependiendo del evento que ocurra y el resultado que desees. La resiliencia es necesaria para que desarrolles tu potencial e impactes la vida de los que te rodean. Si no eres flexible, no llegarás al destino que quieres y te mereces.

EJERCICIO: LECCIONES APRENDIDAS

Haz una lista de lo siguiente:

1. Los "fracasos" o intentos fallidos que has tenido en tu vida.
2. Diferentes obstáculos que has confrontado y superado.
3. Obstáculos que has evadido y no has logrado superar.
4. Analiza y escribe las lecciones aprendidas que tuviste en cada "fracaso". ¿Fuiste resiliente? ¿Te dejaste derribar por alguna situación? ¿Qué pudiste haber mejorado?
5. ¿Cuáles fueron esas lecciones aprendidas?

_____

_____

_____

_____

_____

_____

_____

_____

_____

_____

_____

_____

_____

_____

_____

_____

_____

_____

_____

_____

_____

_____

_____

_____

_____

_____

_____

_____

_____

_____

_____

_____

_____

Independientemente cuales hayan sido tus hallazgos, recuerda que tus resultados de hoy demuestran quien fuiste ayer. Hoy es el día perfecto para tomar las acciones correctas para obtener los resultados que quieres para mañana. Lo importante es que, a cada situación, le saques lecciones aprendidas.

"Los problemas nunca se acaban, pero las soluciones tampoco."
PAULO COELHO

PARÁBOLA: EL HOMBRE RESILIENTE

"No fracasé, sólo descubrí 999 maneras de cómo no hacer una bombilla."
TOMÁS EDISON

Una vez un hombre de mucha visión decidió montar propio negocio en 1831 y fracasó. En 1832 se lanzó como legislador y perdió. En 1833 comienza otro negocio, pero vuelve a fracasar. En 1836 pasó por una crisis emocional fuerte y a pesar de ello se recuperó. No sé cómo manejó el estrés, pero definitivamente tuvo éxito manejándolo porque en el 1838 se lanza nuevamente como legislador, pero igual que había ocurrido anteriormente, perdió en las elecciones. En 1840 repite su candidatura al igual que se repite su fracaso. En 1843 se lanza al Congreso y vuelve a ser derrotado. En 1848 intenta nuevamente ser elegido en el Congreso y vuelve a perder la contienda. En el 1855 se lanza como senador y lo mismo ocurre. En el 1856 se lanza a la vicepresidencia de su país y fue derrotado. En el 1858 regresa a la contienda por un escaño en el senado, pero la historia se repite una vez más.

Luego de una vida de derrotas, incluyendo la muerte de su esposa; en 1860 es elegido presidente de los Estados Unidos y fue una pieza clave en la abolición de la esclavitud.

¿Ya sabes quien fue este hombre tenaz, enfocado, resiliente y experto en el manejo de estrés? Su nombre, Abraham Lincoln, Presidente Núm. 16 los EE.UU.

"La energía y la persistencia conquistan todas las cosas."
BENJAMÍN FRANKLIN

¿ES POSIBLE ELIMINAR EL ESTRÉS?

Hay escritos, libros y un sinnúmero de estudios referente al manejo y a la eliminación del estrés de nuestras vidas. Para ser resilientes y longevos, es indispensable que adquiramos la habilidad de manejar el estrés efectivamente. Todos experimentamos estrés en algún momento de nuestras vidas. La mayor parte de los seres humanos viven en constante estrés.

Todo lo que experimentas se encuentra en tu interior y nada tiene que ver con el mundo exterior. No importa las circunstancias por las que estés pasando en estos momentos, es tu obligación atacar los problemas y tomar acción siempre de manera consistente hacia tus metas y objetivos. Tomás Edison decía que nuestra más grande debilidad yace en rendirse. La manera más certera de lograr lo que quieres, es intentándolo una vez más. Nunca pierdas la esperanza ni te rindas ante circunstancia alguna.

Crecemos en la adversidad, por lo que concluyo que el estrés siempre nos acompañará. No hay forma de que escapes del estrés, sin embargo, puedes aprender a utilizarlo a tu favor.

Si no puedes contra el enemigo, conviértelo en tu aliado para que te ayude a alcanzar tu destino. El estrés no es malo. Todo lo contrario. Si es utilizado de manera positiva genera una energía poderosa que permite que logremos nuestros objetivos, que tomemos acción oportuna y pongamos a nuestra disposición la energía creativa del Universo. **Por lo tanto, el estrés no se puede eliminar, pero se puede manejar.**

TÉCNICAS PARA MANEJAR EL ESTRÉS

"He tenido muchas preocupaciones en mi vida, de las cuales muchas nunca ocurrieron."
MARK TWAIN

1. Identifique las posibles causas de estrés:
   Ejemplos comunes...
   > a) Mala alimentación
   > b) Fumar cigarrillos, beber alcohol o consumir drogas.
   > c) Dormir demasiado o no dormir lo suficiente

2. **TIP:** Las cosas que pueden ocurrir en el futuro y te preocupan son menos malas de lo que parecen. Eso negativo que piensas posiblemente NUNCA ocurra.

3. Duerme de 7 a 8 horas diarias.

4. Haz algún tipo de ejercicio de 4 a 6 veces por semana.

5. Piensa en grande.

6. Busca mentores: los mejores mentores se encuentran en los libros, audiolibros y en el Internet. No te limites a conocer a tu mentor personalmente y asegúrate de escoger muchos mentores: uno para diferentes situaciones o temas.

7. Escribe tus metas por la mañana cuando te levantes y nuevamente antes de acostarte. Eso te alineará mental, física y emocionalmente con tu propósito de vida.

8. **TIP:** Utiliza el miedo como gasolina para seguir adelante.

9. Medita por lo menos 5 minutos 2 veces al día.

10. **TIP:** No te conformes con lo que tienes: El conformismo es una excusa para justificar que has fracasado. Desarrolla tu potencial al máximo. Sé agradecida siempre, pero no te conformes.

11. **Invierte en ti:** Edúcate y lee todos los días. Busca adiestrarte. Tu éxito será tan grande como la inversión que hagas en ti.

12. Rodéate de gente positiva y que sean igual o mejor que tú. Dime con quién andas y te diré quién eres. Dime qué piensan y cuáles son los hábitos de las personas alrededor tuyo y podré predecir tu futuro.

13. Perdona a tu familia y sobre todo perdónate a ti misma por cualquier cosa que hayas hecho y de lo cual estés arrepentida. No te arrepientas de tus errores, pues de todo error se aprende algo. En vez de lamentarte, aprende de tus errores y conviértete en una mejor persona. No hay errores en la vida a menos que no aprendas de ellos.

14. **TIP:** No le temas al fracaso: todo ser humano exitoso ha fracasado en algún momento. No es las veces que te tropiezas, más bien las que te levantas. Quien nunca se rinde, quien se levanta siempre, logrará el éxito en su vida.

15. Lo que te propongas, hazlo. No te formules metas y

objetivos para luego posponerlos o nunca ejecutarlos.

16. Procrastinar es uno de los principales causantes de es-
      trés.

La mayor fuente de estrés negativo es PROCRAS-
TINAR: dejar las cosas que tienes que hacer hoy para mañana. Acumular cosas en tu lista de quehaceres, crea estrés y
presión emocional. Si te propones hacer algo hoy, no pares
hasta que lo logres. Es tu responsabilidad alcanzar tus metas
y cumplir con los objetivos que te trasaste.

En conclusión, no es el estrés lo que te hace daño, es
la INCAPACIDAD DE MANEJARLO. Aunque no puedes
eliminar los problemas de tu vida por completo, si puedes
resolverlos atacándolos uno a uno a la brevedad posible. La
prevención es a solución. Y si por causalidad el problema no
tiene solución, ¿para qué preocuparse?

Busca estar en situaciones incómodas, en pensar en
grande y en salir zona de confort. El estrés hace que un depor-
tista logre dar la milla extra en el momento clave y lleve a su
equipo a ganar un campeonato. El estrés nos mantiene vivos
y nos permite alcanzar nuestras metas. Hay que aprender a
manejarlo. Utiliza el estrés para alcanzar tus metas y el éxito
que te mereces.

¡Que bendición es tener estrés! Puedes utilizar un arma
de fuego para matar a un inocente o para proteger a tu familia.
El problema no es el arma, es el que la utiliza. El problema
no es el estrés, es quien lo manifiesta o de la manera en que
lo manifiesta.

CAPÍTULO 7

EL PODER DEL AMOR

"El amor borra incluso las más profundas y dolorosas memorias porque el amor llega más profundo que cualquier otra cosa."

LOUISE L. HAY

El amor es el sentimiento más puro que existe: es la emoción suprema; es la clave para sanar el planeta y a los seres que viven en él. El amor trae luz a la oscuridad, claridad a lo turbio, orden en medio del caos, perdón donde hubo heridas. Es un arma de Luz que tiene el poder de erradicar todas las formas de oscuridad y maldad, incluso la tuya propia. Tiene la fuerza capaz de convertir a tus enemigos en amigos. Remueve la coraza de tu corazón creada por ti misma para "protegerte" de algún "daño" que te hayan causado. Si endureciste tu corazón para defenderte de los ataques o decepciones de la vida o para poder resistir los golpes de la ira, el orgullo, el maltrato, la pobreza, el rechazo y el odio, a través del amor, puedes remover esa coraza y verás con facilidad las bendiciones que la vida te obsequia a diario.

Cuando sanas tu espíritu con el sentimiento puro del amor, puedes ver lo bueno y divino en los demás, lo positivo en toda situación y llenas de empatía y compasión por el prójimo.

El amor "determina todo lo que sientes, piensas, haces y cambias. Te eleva a las máximas alturas espirituales de la unidad oceánica. Y desde esos nuevos y más elevados miradores, puedes ver y apreciar mejor tus vínculos con la gran trama de la vida, así como tu lugar e influencia en ella."[21]

El primer paso para poder dar y recibir amor es amarte a ti misma. No puedes regalar lo que no te pertenece ni dar lo que no tienes. En otras palabras: no puedes amar a los demás si no te amas a ti primero. Cuando te amas, te perdonas y te aceptas tal y como eres, todo sentimiento de culpa desaparece.

En el momento en que aprendes a amar lo que haces y todo lo que te rodea, comienzas tu camino hacia la libertad espiritual. Cuando te amas y te respetas como el ser humano excepcional que eres con ganas de amar y ser amada, podrás disfrutar a plenitud de los frutos y bendiciones que el Universo tiene a tu disposición. Una vez obtienes esos frutos o resultados, estarás preparada para compartirlos con la humanidad y continuar el ciclo infinito de energía, crecimiento, transformación, sanación, aprendizaje, felicidad y mucha gratitud.

PARÁBOLA DEL AMOR PROPIO

Había una vez una mujer que sufría porque decía que todos los hombres eran mal tratantes y ninguno la valoraba. Un día, indignada y en desesperación, decidió dejar a su pareja y comenzó a buscar su propósito de vida. Le pidió a Dios que la guiara y le diera un mensaje. Dios le contestó: "El amor que buscas, ya está en tu corazón. Lo que buscas afuera, primero debes buscarlo adentro". Desde ese mismo día la pobre mujer dejó de buscar, y sin buscar, encontró.

Si quieres convertirte en la mejor versión de ti, es imperativo que sientas y expreses amor a todos. Amor no significa que vas a dejar entrar a cualquiera a tu casa. O que cuando te hagan daño, vas a quedarte vulnerable para que te sigan haciendo daño. Como escribió Conny Méndez sobre las palabras del Maestro Jesús "'NO RESISTÁIS AL MAL'. Esto es volver la otra mejilla. Es amar a los enemigos, bendecir a los que nos maldicen, hacer bien a los que nos aborrecen y orar por los que nos ultrajan y persiguen, todo sin exponernos a que nos pisoteen. Si lo haces con sinceridad te vas a dar cuenta de algo muy extraño, y es que te sentirás liberado, primeramente, y luego, que una montaña de pequeños inconvenientes que te ocurrían y que no sabías a qué atribuir desaparecen como por encanto, y tu vida marcha sobre rieles. Además de que te verás amada por todo el mundo, aún por aquellas personas que antes no te quisieron bien."[22]

Te puede parecer increíble que al igual que la gratitud, el AMOR es tan poderoso que cambia incluso la actitud de los demás hacia ti; de levantarle el ánimo a alguien que está deprimido y a alegrarle el día al que llega a ti con algún disgusto. Cuando alguien te quiere hacer daño, la mejor arma contra esa persona es amarla, bendecirla y desearle el bien. Ese acto no solo sana a la otra persona, sino que te sana a ti misma.

Amor es pues, entendimiento, empatía, sentir deseos de vivir la vida. Es ayudar al prójimo y ser incapaz de hacerle daño a alguien. Es celebrar los triunfos de los demás sin ningún tipo de envidia, porque la que ama, sabe que mientras mejor se encuentren las personas a su alrededor, mejor estará ella y mientras mejor esté ella, mejor estarán los que la rodean, incluyendo a sus seres queridos.

¿Ves como las piezas se van montando? ¿Cómo todo va de la mano y lo bueno atrae lo bueno, y el amor y la gratitud atraen empatía, comprensión, purificación, transformación de la mente, cuerpo y espíritu, serenidad, certeza y felicidad?

Las peleas más comunes se dan por mala o falta de comunicación. Vivimos en un mundo lleno de ilusión que algunas religiones llaman "maya", y la manera de romper la "maya" o ilusión es con el fuego puro y divino del AMOR.

"Encontré que solo hay una cosa que sana todos los problemas, y eso es: amarte a ti misma."
LOUISE L. HAY

LA HORMONA DEL AMOR

El amor aumenta la positividad y la resonancia de positividad aumenta tus niveles de oxitocina. La oxitocina es conocida como la hormona del amor debido a que esta te hace sentir bien manteniéndote serena y calmada. Además, esta hormona está asociada con aumento de confianza y reducción de ansiedad social por lo que la producción de oxitocina provoca que tengas mejores relaciones con los demás.

Según las investigaciones clínicas de Bárbara L. Fredrickson,[23] el amor es la clave para mejorar la salud mental y física, así como para alargar nuestra vida. Explica en su trabajo, que el sentimiento del amor, no como algo romántico, pero como esos "momentos de conexión significativa entre las personas" es capaz de producir resultados sorprendentes sobre nuestro cuerpo y nuestra psique". Explica además que tu "cuerpo fue concebido para amar, y para beneficiarte de ello".

El futuro de nuestra sociedad está en las manos de los jóvenes. Y el futuro de los jóvenes depende de cuánto amor le brinden sus padres desde pequeños, ya que las dificultades emocionales y la capacidad de poder ver el lado positivo de la vida, está muy vinculado con el amor y cariño que los jóvenes reciben de sus padres, especialmente durante su niñez.

Otros estudios demostraron que cuando una persona se convierte en padre (o madre), se crea una conexión especial entre padre e hijo: un vínculo de positividad que también aparenta dar cambios estructurales en las partes del cerebro que promueven el sentimiento de positividad.[24] Esta investigación, según Frederickson, "demuestra que el amor redirige las conexiones neurales de tu cerebro, lo que hace más probable que en el futuro tengas hábitos sanos y lazos sociales saludables. A través de la plasticidad cerebral, asimismo, el amor engendra amor." Por lo tanto, el amor, atrae más amor y te lleva a un crecimiento espiritual por un espiral ascendente dirigido hacia la evolución de tu SER, al desarrollo de tu máximo potencial: a tener relaciones sociales saludables y compasivas, mejor salud física, sabiduría, comprensión y aceleres tu continuo camino hacia tu destino final, la Fuente de Todo: DIOS.

> *"Amados, amémonos unos a otros; porque el amor es de Dios. Todo aquel que ama, es nacido de Dios, y conoce a Dios. El que no ama, no ha conocido a Dios; porque Dios es amor."*
> **1 JUAN 4:7-8**
> **(REINA-VALERA 1960)**

El AMOR es, en fin, sinónimo a Dios, pues Dios es amor y quien ama, comienza su camino ascendente a su inmortalidad. Respetando tu religión o creencia espiritual, puedes encontrar analogías entre sí. Dios es Energía, Universo y Sanación. También lo podemos ver como un fuego inmenso y nosotros las llamas que se desprenden de Él.

También lo podemos visualizar como el Océano y no-sotros como las gotas en el Océano. Podemos separarnos de Él, pero como quiera seguimos siendo Él. Si todos los humanos se unen energéticamente, esas gotas se convierten en una Ola que regresa a Él, porque somos a imagen y semejanza de Él. Y todo lo anterior es igual al AMOR: porque DIOS ES AMOR.

"Ama hasta convertirte en lo amado, es más,
hasta convertirte en el AMOR."

FACUNDO CABRAL

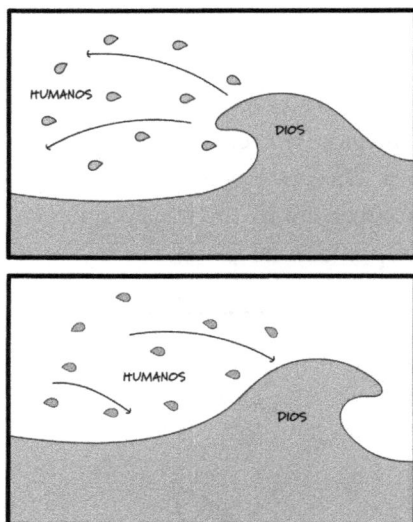

Somos dioses en potencia porque somos parte de Él y lo que nosotros experimentamos lo experimenta Él. Por eso se dice que Dios vive en este planeta a través de nosotros. El fuego de Dios fue esparcido por toda la tierra, y ahora es nuestro deber, como fuegos Divinos, regresar a la Fuente. Unos se tardan más que otros y hay quienes luego de regresar a Él, vuelven a esta tierra a ayudarnos a otros a liberarnos de las asechanzas de la carne y de la materia. Según el Evangelio de San Juan, Cap. 10, Ver. 34, Jesucristo dijo: "Sois Dioses". Somos dioses en potencia.

Comienza a AMAR hoy mismo para que experimentes a Dios, para que continúes tu camino hacia Él; para que veas todas las cosas buenas que hay en la tierra y no te desenfoques o dejes que el bombardeo continuo que hay en la sociedad te haga alejarte del camino o pensar que estás perdida. Nunca pierdas las esperanzas. Los que experimentamos la bondad del Universo y expresamos amor somos mayoría. Ámate a ti misma y a los que te rodean para que desarrolles al máximo tu propósito de vida y pongas tu grano de arena en el ascenso espiritual de la humanidad.

Tu objetivo como Ser Espiritual, es que evolu-ciones como individuo par construir una mejor sociedad y convivencia con la raza humana ¿Y cómo hacemos esto? A través del AMOR y el SERVICIO.

"Amor y verdad son las dos cosas de Dios. La verdad es el fin y el amor es el camino."
MAHATMA GANDHI

AMAR, PERDONAR Y OLVIDAR

Todos estamos hechos de lo mismo. Incluso, tus partículas subatómicas, según la Física Cuántica, están hechas de lo mismo que el árbol que vez en la carretera y que la silla que tienes en tu comedor. El AMOR te permite, sin necesidad de ser científica, experimentar la VERDAD de que cada ser humano que conoces tiene más cosas en común que diferencias contigo; y que al igual que tú, está en un proceso individual de aprendizaje. Entenderás que por más mala que parezca una persona, en el interior es buena y que lo mejor que puedes hacer es enviarle bendiciones y amor porque el que le hace daño a los demás, se hace daño a sí mismo. El que te hace daño, se está auto-infligiendo una herida profunda con su propio puñal: tenle empatía.

Conny Méndez, en su libro "Metafísica 4 en 1" dice que el enemigo número uno (1) de toda la humanidad es el rencor y el resentimiento: que no es otra cosa que el odio. La Biblia, las iglesias y religiones han abogado siempre por el perdón y el amor hacia los enemigos, sin embargo, esto ha sido en vano porque no han enseñado la manera práctica de perdonar y OLVIDAR. Hemos escuchado el dicho "yo perdono, pero no olvido". Quien perdona y no olvida NO HA PERDONADO. Primero debemos comprender que el AMOR es un "punto central de equilibrio, el de la tolerancia y la buena voluntad".[25] Conny va más allá, brindándonos una fórmula práctica y efectiva para perdonar y olvidar ya que la persona que ama bien, es la más poderosa del mundo:

EJERCICIO PARA PERDONAR Y OLVIDAR

Cada vez que resientas que alguien te haya hecho daño, o sientas algo desagradable hacia alguna persona o un deseo de venganza, "ponte deliberadamente a recordar (no es tratar de olvidar lo de ahora), es a recordar todo lo bueno que conoces de aquella otra persona. Trata de revivir los ratos agradables que gozaste en su compañía, en tiempos pasados, anteriores al momento en que te hirió. Si logras reírte de algún chiste que te dijo o de algo cómico que gozaron juntos, el milagro se ha hecho."[26] Repite esto tantas veces como sea necesario hasta que logres eliminar u olvidar ese rencor que sientes o que sentiste.

Esto puede parecer muy difícil, pero la realidad es si una persona te cae mal por alguna razón, esa energía que emites al cosmos se te devuelve en igual proporción por lo que es bien probable que tu también le caigas mal a esa persona. Igual ocurre en la inversa. Si empiezas a ver a esa persona como alguien agradable, muy probablemente, esa otra persona cambie su perspectiva sobre ti y le empieces a caer bien. En esta circunstancia, tu objetivo es cambiar tu actitud hacia esa persona que no te agrada y a su vez, logres que esa persona cambie su actitud hacia ti.

Este ejercicio es muy efectivo para cambiar tus actitudes y la de los demás. Practica y aplícalo para que lo que antes parecía imposible de lograr, se convierta en algo muy sencillo de alcanzar.

"El perdón cae como lluvia suave desde el cielo a la tierra. Es dos veces bendito; bendice al que lo da y al que lo recibe."
WILLIAM SHAKERPEARE

BENEFICIOS DE PERDONAR

Los beneficios de perdonar son muchísimos. Es curioso que los beneficios positivos, tanto mentales como físicos, de amar, ser agradecido, perdonar y de meditar, son beneficios similares. Algunos beneficios físicos y emocionales del acto de perdonar son:

1. Niveles de estrés más bajos

2. Mantiene sano tu corazón

3. Mejora tu calidad de vida y alarga tu longevidad.

4. Disminuye tu ira hasta eliminarla.

5. Ayuda a relacionarte con los demás.

6. Ayuda a combatir la depresión y es bueno para la salud en general.

7. Por todo lo anterior, también normaliza la presión arterial, mejora el sueño y aumenta tu sistema inmunológico.

Es muy importante que entiendas que las personas tienen siempre una historia; y que, si llegases a conocer la historia de la persona que te hizo daño, descubrirías las agonías y sufrimiento que ha tenido durante su vida e inmediatamente acabaría tu coraje y resentimiento contra dicha persona.

"Oh Gran Espíritu, concede que no critique a mis vecinos hasta que no haya caminado una milla en sus mocasines."
PROVERBIO NATIVO AMERICANO

EJERCICIO DE LA MENTE
Y EL CORAZÓN

Un gran amigo llamado Juan Carlos Aponte Tolentino me enseñó algo que aprendió de su padre:

Cuando vayas a actuar, piénsalo primero con la mente y luego con el corazón. Si tu mente te dice que "sí" y tu corazón te dice que "no", no lo hagas. Si tu mente te dice que "no" y tu corazón dice que "sí", tampoco lo hagas. Mucho menos si ambos, tu corazón y tu mente te dicen que "no". Ahora, si tu mente y corazón dicen que "sí"; o sea, cuando ambos están alineados, no lo cuestiones y hazlo: lánzate con tu corazonada.

Este ejercicio te ayudará a tomar decisiones correctas en momentos de incertidumbre, a dominar tus pasiones y aclarar tu mente cuando estés confundida o indecisa. Hay una conexión entre tu mente y tu corazón y entre tu respiración y estado de ánimo. Utilízala a tu favor.

"Nadie merece estar en un pedestal. Nadie merece que lo pongan en el piso. Al que pones en el pedestal, algún día lo pondrás en el piso. Y al que pongas en el piso hoy, mañana lo pondrás en un pedestal. Nadie merece estar ni en un pedestal ni en el piso. Todos merecen estar en tu corazón."
JOHN DEMARTINI

No te creas invencible pero tampoco te subestimes. Siempre actúa con tu corazón y con el más profundo sentimiento de AMOR y GRATITUD.

Y cuando te de trabajo enviarle bendiciones a alguien o de sentirte agradecido por algún daño que te hicieron, recuerda el siguiente proverbio chino: "Ámame cuando menos lo merezca, ya que es cuando más lo necesito."

Cuando sientes odio o resentimiento hacia alguna situación o persona, mantienes un enlace emocional fuerte hacia eso que odias o resientes. Lo único que puede romper esa atadura que puede durar toda la vida y matarte poco a poco, es el perdón.

Es muy probable que hayas lastimado a alguien en algún momento. Si pediste perdón de corazón, olvídate si la persona te ha perdonado, lo importantes es que tú te hayas perdonado a ti misma. Igualmente, olvídate si el que te hizo daño se ha disculpado o si se ha arrepentido de lo que te ha hecho. Lo que las demás personas piensen de ti o lo que pase por sus mentes, no te incumbe. Las luchas internas de cada cual les pertenecen a ellos mismos.

La sanación es individual porque la herida de cada quién es única y diferente. Lo importante es internalizar que el hecho de perdonar o de pedir perdón de corazón y de manera genuina, es un proceso terapéutico, sanador y energizante que te ayudará a seguir haciendo el bien con entusiasmo y alegría.

"Después de tanto caminar aprendí que hay una sola religión: EL AMOR; una sola raza: LA HUMANIDAD; y un solo lenguaje: EL CORAZÓN."
- ANÓNIMO

CAPÍTULO 8
EL PODER DE LA MEDITACIÓN

"Practiquen la meditación. Es algo funda-
mental. Una vez que se la disfruta, ya no se la puede
abandonar, y los beneficios son inmediatos."
DALAI LAMA

El objetivo principal de la meditación es liberar tu conciencia fortaleciendo el músculo de la concentración y respirar correctamente para calmar tu mente y sentirte bien. Según vayas progresando, notarás que puedes meditar en cualquier momento y en cualquier lugar. Esto te permitirá lograrás paz interior sin importar lo que esté sucediendo a tu alrededor.

Si meditas con frecuencia, no solo desarrollarás una gran capacidad de concentración y enfoque, sino que lograrás sanar tu cuerpo, alargar años a tu vida y aumentar tu capacidad de manejar el estrés diario.

La meditación se lleva a cabo en el momento que escojas para recargar las energías de tu cuerpo y conectarte con el Universo para recibir mensajes que te mantengan en El Camino y puedas completar el trabajo que viniste a realizar en este Planeta. Se dice que la oración es como hablamos con Dios, y la meditación es como Dios habla con nosotros.

Meditar como ir al gimnasio: requiere tiempo, esfuerzo y mucha práctica; pero una vez creas el hábito de separar un tiempo a diario para meditación y contemplación, no querrás

dejarlo por lo bien que te hará sentir y por todos los beneficios físicos, mentales y espirituales que produce. Aunque tiene
efectos positivos a todos los niveles, la meditación es para tu
mente, lo que el entrenamiento físico es para tu cuerpo.

Se han escrito miles de libros sobre el tema de la meditación y según la investigación que llevé a cabo, algunos
historiadores estiman que el ser humano medita desde hace
alrededor de 3,000 años antes de Cristo. Por otro lado, los
Yoga Sutras de Patanjali en torno a los ocho limbos del yoga,
fue compilada entre 400-100 antes de Cristo. Y según el profesor Jeananne Fowler,[27] el Bhagavad Gita, que es un escrito
hindú de 700 versos que discute la filosofía del yoga, de la
meditación y de la práctica de una vida espiritual, fue escrito
alrededor de 200 años antes de Cristo.

Como puedes ver, las prácticas de diferentes técnicas de
meditación han estado con nosotros por milenios como una
herramienta para desarrollo de nuestro templo interior: ese

que no se construye con las manos y es eterno en los cielos.

"Mi definición de meditación es: siempre que tu cuerpo, mente y alma están funcionando juntos en ritmo, es meditación."

OSHO

La palabra MEDITACIÓN viene del latín meditatio,[28] que, aunque en sus inicios era un tipo de ejercicio intelectual, podemos definirlo más concretamente en el contexto de esta guía como:

1. El acto de pensar sobre algo, reflexionar, contemplar, meditar, pensar.

2. Ejercitarse o practicar en algo: estudiar, un hábito.

Meditar no es fácil y el esfuerzo y dedicación que necesites para ver los resultados esperados para lograr un cambio permanente varía de persona en persona. Lo importante es que sepas que necesitas mucha práctica y paciencia, pero el trabajo que inviertas en tu meditación será devuelto multiplicado en bendiciones y beneficios tanto físicos como espirituales.

Hay un sinnúmero de técnicas o maneras de meditar. Sin embargo, las más comunes tienen que ver con:

1. Mantener tu atención enfocada en algo particular.

2. Contemplación u observación de tus alrededores también llamada meditación consciente ("mindfulness").

3. Meditación guiada.

A. MEDITACIÓN DE ENFOQUE

Una manera de llevar a cabo una "meditación de enfoque" es concentrarte en algo específico como, por ejemplo: en mirar una llama de fuego, en tu respiración, en el área entre medio de tus cejas (también llamado el "tercer ojo"[29]), en una imagen en tu mente o frente a ti, en algún sonido (a través de "mantras"[30] o sonidos de campanas, etcétera) en alguna sensación particular de tu cuerpo.

Luego, mantienes el enfoque en ese punto específico que escojas. Cuando te das cuenta de que tu atención cambia a otra cosa o te percatas de que están llegando pensamientos a tu mente, suavemente devuelves tu concentración al punto de enfoque original. Para los principiantes, este es el tipo de meditación que se recomienda por ser más sencilla que otros tipos de meditación. Mientras estés meditando, en el momento en que te llegue un pensamiento, lo observas sin juicio alguno, agradece que lo has identificado y lo dejas ir.

B. MEDITACIÓN CONSCIENTE

En el tipo de meditación consciente (Mindfulness) o de contemplación en tiempo presente, te enfocas en prestarle atención a todo lo que está ocurriendo tanto a tu alrededor como dentro de ti: tus sensaciones, sentimientos y estados mentales propios. Observa todo sin ejercer juicio alguno, sin reaccionar a lo que piensas. Practica el arte de observar tus propios pensamientos en tercera persona como mera espectadora.

Aprenderás mucho sobre tu mente y subconsciente. Si tienes pensamientos limitantes o negativos, ahí es que los vas a notar claramente. No te sientas mal al respecto. Agradece siempre el proceso y deja ir esos pensamientos

Este segundo tipo de meditación requiere mayor práctica y control de tu parte para no reaccionar a lo que ocurre dentro de ti y a tu alrededor. Lo importante es que no te desanimes. La práctica hace la perfección y los beneficios mentales, físicos y espirituales son tantos, que es mucho más complicado vivir la vida sin gratitud y sin practicar la meditación que el esfuerzo que conlleva llevarlo a cabo y hacerlo bien.

"Cualquiera que haya practicado la meditación sabe qué difícil es hacer callar nuestra conversación mental para conectarnos con nuestra mente más profunda, sabia e intuitiva."

SHAKTI GAWAIN

C. MEDITACIÓN GUIADA

Igual que lo sugiere el nombre, la meditación guiada es una herramienta que permite que una persona con mucha experiencia en meditación se encargue de ofrecer una serie de instrucciones para ayudarte a alcanzar un estado de relajación u objetivo particular. Simplemente escucha a la persona y sigue las instrucciones. La variedad y tipos de meditación guiada con casi infinitas. Escoge la que mejor resuene contigo o tu propósito actual.

¿QUÉ LE PASA A TU CEREBRO CUANDO MEDITAS?

La Universidad de Harvard en Massachusetts, ha llevado a cabo investigaciones relacionadas a la Meditación y los efectos de esta práctica en nuestro cuerpo y en nuestro cerebro.[31] **Estos estudios confirman, a través de la ciencia, que llevar a cabo una práctica diaria de meditación cambia la estructura del cerebro humano.**

En el caso de la Universidad de Harvard, el grupo dirigido por la señora Sara Lazar, autora senior del programa de Investigación Psiquiátrica de Neuro-imagen e instructora de la Escuela de Medicina de Harvard, utilizó imágenes de resonancia magnética[32] para poder examinar la actividad cerebral de las personas que se utilizaron para esta investigación. Se tomaron imágenes de la estructura cerebral de dieciséis (16) participantes dos (2) semanas antes y dos (2) semanas después del experimento de ocho (8) semanas consecutivas utilizando el Programa de Reducción de Estrés de Conciencia Plena ("Minfulness-Based Stress Reduction (MBSR) Program").[33]

Los participantes llevaron a cabo ejercicios de "conciencia plena" por un promedio de veintisiete (27) minutos diarios durante las ocho (8) semanas. Vale la pena resaltar que este programa también incluyó grabaciones con meditaciones guiadas.

Durante el proceso, se obtuvieron imágenes de los cerebros de un grupo control de personas que no estaban meditando durante el mismo lapso de tiempo para compararlos.

Los resultados fueron asombrosos.[34] Se encontró que hubo engrosamiento o aumento de volumen en 4 regiones de cerebro. [35]

Además, se observó que la amígdala, [36] una parte del cerebro asociada con la ansiedad, el miedo y el estrés en general, se redujo en tamaño en las personas que practicaron la meditación "mindfulness".

Está comprobado que, con el paso de los años, las personas pierden un poco de materia gris por lo que es muy beneficioso poder aumentar la cantidad de materia gris en el hipocampo. **Este estudio demostró que las personas que llevan años meditando y que, a su vez, sobrepasan los 50 años, tienen el mismo volumen de materia gris en su cerebro que una persona de 25 años.**

Otros estudios han indicado que tan solo 10 minutos al día de meditación provee beneficios importantes relacionada a la reducción de estrés y ansiedad, sin embargo, ahora sabemos que, si lo aumentamos a veintisiete (27) minutos al día por ocho (8) semanas, los beneficios serán fisiológicos y más extensos.

En resumen, este estudio de la Universidad de Harvard, probó que meditar en promedio, veintisiete (27) minutos al día, trae consigo beneficios donde las partes del cerebro relacionadas a la inteligencia, la memoria, la paz y la felicidad aumentaron en volumen, mientras que la parte del cerebro concerniente con el estrés, el miedo, la ansiedad y la violencia disminuyó en tamaño.[37] En otras palabras, meditar hace que ejercites los músculos buenos del cerebro y que dejes de usar los que pueden perjudicarte. [38]

Algunos de los hallazgos sobre la meditación:

1. Tiene efectos beneficiosos sobre la molécula telomerasa: una enzima encargada de alargar los segmentos

de ADN en los extremos de los cromosomas, lo que sugiere que la meditación pudiese desacelerar los procesos de envejecimiento de las células en alguno de los practicantes.

2. Activa zonas del cerebro asociadas a los sentimientos de empatía, compasión y amor.

3. Reduce el estrés, ansiedad y la depression.

Por otro lado, los estudios clínicos y científicos de la profesora Bárbara L. Fredrickson indican que solo sesenta (60) minutos a la semana, o un promedio de menos de nueve (9) minutos al día de meditación pueden hacer una diferencia notable en tu vida. Esta es otra persona que establece a través de estudios y experimentos que, con pocos minutos al día de meditación, verás resultados positivos en tu diario vivir.

EL IMPACTO DE LA MEDITACIÓN COLECTIVA EN UNA CIUDAD[39]

Un grupo de 4000 personas se reunieron en Washington D.C. entre los días del 7 de junio y el 30 de julio de 1993 con el propósito de realizar un programa de Meditación Transcendental.[40] La hipótesis era que los niveles de crímenes violentos iban a disminuir durante el tiempo en que este grupo de personas estuviese realizando el programa. Los resultados mostraron que el índice de crímenes violentos disminuyó hasta un 23.3%, lo que coincidió con el día de experimento en que el tamaño del grupo era el más grande.[41]

Este es uno de muchos otros experimentos[42] similares que se han hecho y que demuestran que un grupo de personas meditando puede impactar grandemente sus alrededores, incluso, disminuir la criminalidad en un país.

Para que no pierdas de perspectiva como todo se interconecta, recuerda los experimentos del Dr. Masaru Emoto[43] que discutimos en el "Capítulo 2: El Poder del Pensamiento" que estableció que podemos impactar las moléculas de agua con el pensamiento. De igual manera, cuando nos unimos a otras personas en un mismo pensamiento o con un solo propósito en un mismo lugar, ese impacto positivo o negativo, dependiendo del pensamiento y de la intención, se multiplicará.

Estos experimentos se llevaron a cabo utilizando la técnica de la Meditación Transcendental, sin embargo, hay otras organizaciones, como, por ejemplo, los Rosacruces, quienes llevan a cabo ejercicios similares utilizando otras técnicas de relajación y meditación. **Lo importante es tener la intención y el enfoque de dirigir tu energía a hacia un solo punto**

En fin, ¡ERES SÚPER PODEROSA!

PARÁBOLA: LA MEDITACIÓN SILENCIOSA

*"No tienes que luchar para llegar a Dios.
Para lo que debes luchar es para arrancar todo el
velo autoimpuesto que no nos deja ver a Dios."*
- PARAMAHANSA YOGANANDA

En el año 1177 después de Cristo, en un reino muy lejano vivía un joven con su familia. Sus padres eran muy adinerados y el joven tenía un futuro muy brillante porque estudiaba mucho y todos esperaban que trabajase en las Cortes del Rey.

Sin embargo, mientras el joven crecía se dio cuenta que a él le interesaban otras cosas. No le interesaba ser famoso ni obtener honores del Rey. Tampoco quería multiplicar las riquezas de su padre. Él solo quería saber cuál era su propósito en la vida y conocer los antiguos misterios de la existencia.

Un día salió a jugar a la calle. Se alejó de su casa y en la cima de una montaña se encontró con un Líder Espiritual Indígena que era respetado por todos en el pueblo. Se le acercó y le trajo sus inquietudes y cuestionamientos, e incluso le preguntó directamente que si él sabía cuál era el secreto de la vida y el camino para acercarse a Dios.

El Maestro Indígena le contestó: "esa respuesta la tienes que buscar dentro de ti. Pregúntaselo directamente a Dios desde tu templo interior."

¿Y cómo hago eso?" preguntó el joven.

"Dios es el todo y la nada, está aquí y está allá, y está en todas partes a la misma vez. Cuando quieras hablar con él, *llámalo y háblale que él te escuchará."*

"¿Así de fácil?" Continuó el joven.

"Así de fácil es hablarle a Dios, lo difícil es escucharlo. El hombre que quiere escuchar a Dios, debe hacerlo con un corazón puro y bueno, y con mucha práctica. Pero ya está a punto de anochecer y no quiero que tus padres se preocupen por ti. Regresa a tu casa y en otro momento a lo mejor podremos continuar esta conversación."

Al otro día, el joven regresó a la montaña donde conoció al Líder Espiritual Indígena. El anciano lo recibió y este le dijo que quería vivir y estudiar en la escuela indígena porque quería conocer a Dios.

El anciano le contestó: *"¿para qué quieres vivir y estudiar en la escuela que dirijo? Si a ti no te atraen las tentaciones mundanas, sino que buscas como mejorar como persona y conocer a Dios, ¿para qué encerrarte y aislarte del mundo en esta escuela? ¡Viviendo con tus padres podrás hacer lo mismo que aquí! No por encerrarte dentro de un monasterio como un monje podrás conocer a Dios. Conseguir las respuestas que buscas y lograr escuchar a Dios no depende de donde te encuentres, depende de la pureza que haya en tu interior."*

"¿Y cómo puedo percibir a Dios viviendo fuera de la escuela indígena?" - preguntó el joven.

El anciano le contestó: *"no caigas ante tus debilidades ni el mal que hay en ti. Sigue tu instinto. Tu conciencia sabe distinguir el bien del mal. Ella nunca te engañará. Renuncia a la pereza y a la ira, no ofendas a los demás ni te sientas ofendido por lo que te hagan otras personas y, sobre todo, aprende a per-*

donar al que te haga daño y pide perdón cuando te equivoques. La meta final es experimentar amor incondicional."

"¿Y cómo debo hacer para hablar con Dios?" - preguntó el joven.

El anciano le dijo: "te voy a enseñar cómo puedes estar delante de Dios a través de la meditación silenciosa. Es algo que puedes practicar siempre sin importar dónde te encuentres. Debe mantener el silencio interior. Eso te ayudará a encender la vela del amor por el Padre en tu corazón. Ese fuego debe arder siempre en el silencio de tu corazón. Todo lo que hagas, hazlo con paciencia y esmero. Y no dejes de practicar esta meditación silenciosa."

El joven se despide y comienza a practicar todo lo que el anciano le dijo. Le estaba dando muchísimo trabajo, pero empezó a notar todas las veces que fallaba, incluso en practicar la meditación silenciosa. Nunca se quitó y contra todo tropiezo, continuó trabajando en ser mejor persona. Al cabo de 3 años, aprendió a observar sus pensamientos y la meditación silenciosa comenzó a transformarlo por completo: su corazón empezó a arder con el Amor Universal Incondicional y a través de la meditación silenciosa la llama continuaba encendida.

El sabio continuó sus enseñanzas: "ya aprendiste la primera meditación silenciosa llamada la Meditación del Corazón. Ahora te voy a enseñar la segunda meditación silenciosa que consiste en la unión de tu alma con el Gran Espíritu."

El anciano lo llevó frente a una ventana donde los rayos del sol penetraban el templo dentro de la Escuela Indígena: "Este rayo del sol es parecida a la Luz Divina que emana Dios sobre nosotros. Nuestro cuerpo es un templo y Dios es la Luz.

Con esta segunda meditación silenciosa debes llenar tu templo de la Luz Divina dejándola entrar a través de tu corazón que fue abierto con la primera meditación silenciosa."

El joven, por un momento experimentó el amor del Padre y se unió con aquella Luz.

Pasaron 5 años y el joven practicaba consistentemente la segunda meditación silenciosa, sin embargo, a pesar de toda su disciplina no había podido volverse a llenar de la Luz Divina del Gran Espíritu como la primera vez.

Hasta que finalmente un día, el joven escuchó un mensaje que le dijo: "para escuchar a Dios y sentir la Luz Divina del Gran Espíritu, te tienes que convertir en amor puro y desinteresado. Lo semejante atrae y se une a lo semejante. Para recibir amor, debes dar amor.

De repente, el joven entendió y pudo experimentar que la Luz tenía vida propia y pudo sentir el Amor Divino de Dios.

Viviendo dentro de la Escuela Indígena en la montaña se dio cuenta que los demás estudiantes, de todas las edades, hacían las mismas cosas que ocurrían en el mundo: se enfogonaban, ofendían a los demás, sentían envidia y mentían. El joven estaba sorprendido, por lo que se acercó al anciano para ver cómo podía ayudar a sus compañeros sin que se burlaran de él.

El anciano le contestó: "todos los que vivimos en esta escuela aspiramos a ser Abuelos Sabios, a conocer a Dios y a permitir que Él se manifieste a través de nuestras acciones diarias. El problema es que nos hemos ido envolviendo en capas pesadas que no permiten que nuestra alma se libere rápido. Estas capas nublan la vista y no permite que experimentemos la Unidad de la Luz Divina del Gran Espíritu."

"No es fácil quitar todas esas envolturas. Recuerda lo difícil que se te hizo aprender la primera meditación silenciosa. La persona que pueda ver esas envolturas y no juzgar ni condenar esas almas, tiene la capacidad de convertirse en su sanador."

"Voy a designarte mi posición de Líder Espiritual de nuestra escuela porque me tengo que ir. Aunque eres joven, tienes el corazón puro y sincero y eso garantiza que cuidarás mejor de las almas humanas en esta escuela que cualquiera de los otros estudiantes. Tu trabajo principal será quitarle las envolturas a las personas que te lo pidan y ofrecer Amor Incondicional a todos por igual. Siempre que ayudes a otros a purificar sus corazones, obtendrás sabiduría."

El Gran Espíritu siempre te guiará por el camino correcto y te indicará el mejor remedio para cada alma que te presente.

Una vez el viejo sabio dejó de hablar, el joven le preguntó: "Una vez te oí mencionar que existe una tercera meditación silenciosa. ¿Me puedes explicar cómo la puedo hacer?

"Conocerás la tercera meditación" -le dijo el anciano- cuando te desapegues de ti mismo".

El anciano se marchó y el joven se convirtió en el Líder Espiritual Indígena de la escuela en la montaña. Siempre practicaba la meditación silenciosa para escuchar los consejos de Dios y saber cómo actuar. Con el tiempo comenzó a ver la Luz Divina de Dios, parecida a la luz del sol. El Gran Espíritu comenzó a fluir a través de él y sus palabras y acciones estaban impregnadas con sabiduría. En ese momento logró perfeccionar la segunda meditación silenciosa porque el Gran Espíritu estaba en él y a través de él hablaba y actuaba.

Pasaron 7 años o más, y el nuevo Líder Espiritual continuaba ayudando a miles de personas a liberarse de sus capas pesadas que ocultaban la luz. Sanó muchas heridas y enseñó a otros a cómo corregir sus propios defectos.

Un día, murió su padre y el maestro heredó toda su fortuna. Muchos esperaban que iba a donar su fortuna a la hermandad indígena, sin embargo, el maestro abrió una escuela para niños, un hospital y un asilo de ancianos. Eso molestó a algunos estudiantes de la escuela. Aquellos que, aunque vivían en la escuela no lograban deshacerse de sus capas pesadas. Buscaban altas posiciones en la organización, reconocimientos, amistad con los más influyentes y exigían el respeto de sus subalternos.

Entonces se propusieron a expulsar al maestro de la escuela y escribieron una carta difamando y diciendo mentiras sobre el Líder Espiritual a la hermandad indígena. Y el maestro fue expulsado. Terminó en la calle sin nada excepto su segunda meditación silenciosa.

Cuando salió expulsado del monasterio, siendo ya un anciano, alguien le preguntó: "¿Quién eres?"

Él le contestó: "Un hombre de Dios", y se dirigió hacia la playa. Encontró allí una cueva solitaria y la habitó. Luego de haber perfeccionado las primeras 2 meditaciones solitarias sabía y sentía que Dios estaba con él, y logró verlo y escucharlo. Cuando ya no salía de la unión con la Luz Divina, Dios le abrió las puertas y su alma llegó a un estado de conciencia muy elevada y ahí fue que conoció la tercera meditación silenciosa, porque en aquel momento pudo percibir que todo era Dios y Dios se encontraba en todas las cosas. En ese momento, Dios residía en él y realizaba a través de él, su Plan Divino.

La gente comenzó a llamarlo "anciano santo" y el número de los peregrinos creció hasta tal grado que sus seguidores tuvieron que construir un nuevo albergue cerca de la cueva en la que vivía. El anciano no rechazaba a nadie y brindaba su ayuda y consejos a todo el que lo pedía.

Un día vino un joven y le preguntó: ¿Cuál es el secreto de la vida y el camino para acercarme a Dios?"

El anciano le contestó: "esa respuesta la tienes que buscar dentro de ti. Pregúntaselo directamente a Dios desde tu templo interior."

"Pero, ¿cómo hago eso?" -inquirió el joven.

Y el anciano comenzó a contarle sobre la primera meditación silenciosa...

Somos uno con Dios y Dios es uno con nosotros. En el silencio interior se encuentra las respuestas a nuestras preguntas. Lo difícil no es hablar con Dios, es lograr escucharlo. Practiquemos la medicación silenciosa todos los días para conectarnos con nuestra esencia, con Dios, con el Universo. Somos seres espirituales viviendo experiencias humanas y es a través de nuestro propósito de vida que llevamos a cabo el Plan Divino que estamos supuestos a recorrer. Conoce las respuestas a todas tus preguntas con práctica y enfoque a través de la meditación silenciosa. El tesoro que buscas afuera se encuentra en tu corazón, así que sé valiente y mira hacia tu interior, debido a que ahí se encuentra tu solución.

¿CÓMO MEDITAR DE MANERA SENCILLA?

Parte 1: Preparación para la meditación

1. Decide que quieres meditar

- El primer paso para meditar, igual que con cualquier otro objetivo es decidir que lo quieres hacer.

- Mentalízate para meditar y comprométete contigo misma en hacerlo todos los días por 30 días. No te des en la cabeza si no cumples en algún momento, pero respetar tus acuerdos es la base para tener integridad en la vida y en los negocios. Respeta tus acuerdos.

2. Escoge una técnica para meditar.

- Hay muchísimas técnicas para meditar. La correcta es la que escojas para ti; la que te haga sentir bien y te permita llegar a la profundidad de tu ser. Escoge una técnica de enfoque o de "mindfulness" u otra que prefieras.

- Primero, debes asesorarte con alguien que sepa sobre el tema. Lleva a cabo varias técnicas diferentes hasta que encuentres la que te gusta. O si eres como yo, varía de vez en cuando la manera de meditar, igual que debes hacer en el gimnasio para no aburrirte y continuar ejercitando diferentes partes de tu cuerpo.

3. Programa la hora en la que vas a meditar y el tiempo de duración de cada sesión.

- Pon en tu agenda 1 o 2 horarios durante el día para meditar. Por ejemplo: 6am y 8pm. Lo importante no es la hora que escojas, es que cumplas con meditar a las horas que escojas. Adapta tus sesiones de meditación a tu itinerario y estilo de vida.

- Antes de comenzar, decide por cuánto tiempo quieres meditar. Si estás comenzando, es importante que le dediques por lo menos 5 minutos a cada sesión de meditación.

- Comienza con una sesión al día. Con el tiempo, añádele una segunda sesión y aumenta los minutos de cada sesión.

- Poco a poco puedes ir aumentando el tiempo: a 10 minutos, luego media hora y finalmente a 1 hora o más si así deseas. Por esto no te preocupes ahora. Lo importante es crear el hábito tomando acción a diario. Empieza meditando 5 minutos diarios y aumenta poco a poco hasta legar a 30 minutos.

- Recuerda el estudio de Harvard que concluyó que con 10 minutos al día verás cambios considerables y si meditas por 27 minutos diarios en promedio, los cambios son fisiológicos y más extensos.

4. Puedes poner un reloj o "timer" para que tu meditación dure 5 minutos.

• Asegúrate que la alarma sea una suave que no te asuste cuando suene.

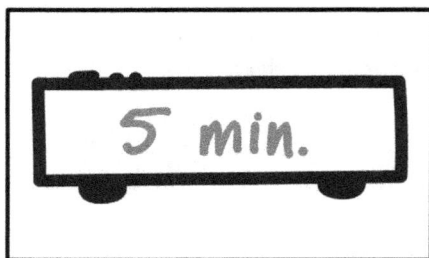

5. Ponte ropa cómoda y suelta.

• Uno de los objetivos de meditar es tranquilizar la mente para tener paz interior, recargar energías y equilibrar las funciones del cuerpo. Tener la ropa o la correa apretada no ayuda a concéntrate ni a respirar bien. Ponte ropa suelta y preferiblemente quédate descalza.

Parte 2: Comienza la meditación

6. Siéntate en una silla o en un cojín con la espalda erguida.

- Por ahora, no te preocupes por la posición de tus piernas, sin embargo, lo ideal es que, si estás sentado en una silla, te sientes como los egipcios (con la espalda derecha y las manos sobre las rodillas) y si estás sentada en el piso, lo hagas en un cojín o zafú.[44]

- Lo más importante es mantener tu espalda derecha o erguida; tan erguida como puedas, pero sin causarle tensión. Esto ayuda a que la energía fluya mejor y a que te puedas concentrar más en tu respiración o en el objeto que prefieras.

- Tu mente y respiración están conectados, igualmente tu postura con las nuevas buenas costumbres. Mientras vayas despertando y accediendo todos los poderes que hay en ti al igual que reconciliándote con tu cuerpo y espíritu, irás adaptándote a tu nueva realidad, adoptando las poses correctas para un cuello y espalda saludable y para mayor bienestar en general.

- Will Johnson dice algo muy interesante sobre la postura erguida: "la evolución gradual pero continua de la especie humana hacia una postura más erguida y vertical ha ido acompañada de un crecimiento y expansión paralelos de la conciencia, los estados de conciencia «superiores» que es posible alcanzar mediante el proceso de meditación dependen también de un afinamiento continuo de la verticalidad y del equilibrio relajado del cuerpo."[45]

- Sin una buena postura, no podrás meditar correctamente. Comodidad, postura y relajación te llevarán a una profunda meditación.

7. Pon las manos hacia abajo tocando las rodillas o hacia arriba tocando el dedo pulgar con el dedo índice.

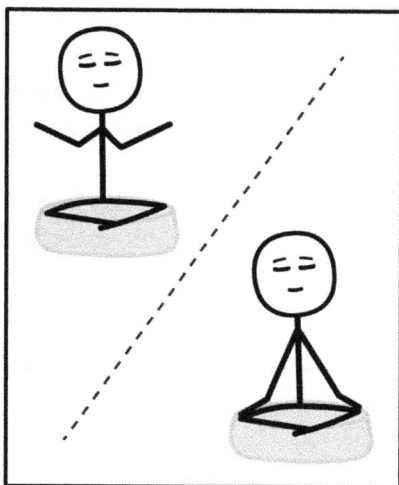

8. El cuello debe ir alineado con la cabeza y la espalda.

- El cuello debe ir ligeramente hacia al frente para facilitarte la respiración, sin embargo, muy hacia el frente o hacia atrás, incluso hacia los lados, causa tensión en el cuello y esa tensión terminará lastimando tu cuello.

9. Comienza a inhalar profundamente, y a exhalar sin prisa hasta vaciar tus pulmones.

- Repite esto durante toda la meditación. Mientras vayas avanzando y profundizando más y más, verás como los intervalos entre exhalar e inhalar serán cada vez mayores.

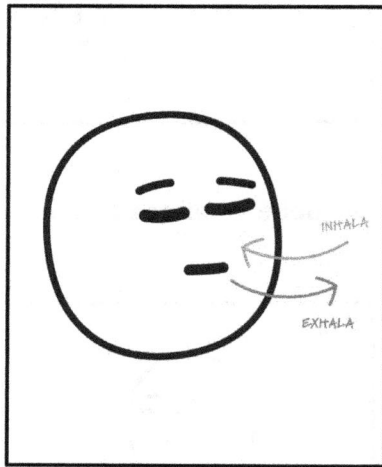

10. Observa tu respiración y comienza a calmar tu mente por varios minutos.

- Comienza a aplicar la técnica que escogiste, ya sea con los ojos abiertos mirando la llama de fuego de una vela; enfocándote en tu "tercer ojo"; repitiendo un mantra; despejando tu mente; escuchando una meditación guiada; observar en tiempo presente todas tus sensaciones, etcétera. En fin, no importa el método que escojas, lo importante es llevarlo a cabo.

11. Culmina abriendo los ojos.

- Cuando suene el "timer", da gracias por la oportunidad de meditar, de sentirte bien, de saber que siempre se puede hacer algo para mejorar

Parte 3: Consejos adicionales

1. Dos mantras muy conocidos (y de mis favoritos) que puedes utilizar son:
   - OM
   - OM NAMAH SHIVAYA[46]

2. Repite el mantra de tu preferencia 27, 54 o 108 veces.

3. Mis objetos de preferencia para enfocarme durante una meditación son en el "tercer ojo" o en una llama de fuego de una vela.

4. Asegúrate que la meditación sea parte integral de tu agenda para que no dejes de llevarla a cabo y sea una de tus prioridades principales en el día.

5. Las cosas por las que vale la pena que te sacrifiques traen consigo grandes beneficios para tu vida, sin embargo, toman tiempo y convertirlas en un hábito efectivo requiere mucho esfuerzo: la meditación no es la excepción. Esfuérzate al máximo en crear el hábito de meditar a diario. Si pones el tiempo y el esfuerzo, te garantizo que los resultados que obtendrás van a sorprenderte.

6. Te recomendé que pusieras un "timer" o reloj para llevar el tiempo de cada meditación, sin embargo, no lo puedes mirar. Olvídate de él, enfócate.

7. DISFRUTA EL PROCESO. No te juzgues ni critiques. Cuando te equivoques o te desenfoques, agradece y continua con el ejercicio.

Para conocer más beneficios sobre la meditación, favor de referirse a la siguiente nota al calce al final de esta guía.[47]

COMIENZA A MEDITAR HOY MISMO

Ya ves que, aunque muchas religiones fomentan la meditación, no es necesario un trasfondo religioso para llevarla a cabo. A nivel práctico, la meditación es una herramienta para mejorar tu calidad de vida como lo es una buena alimentación y hacer ejercicios.

La meditación es útil en momentos en que tengas incertidumbre o coraje. Es muy fácil ver los errores o puntos débiles en los demás, pero: ¡que difícil puede ser ver tus propios errores! Nos pasa a todos.

Practicando la meditación aprendes a escuchar lo que tu mente te está diciendo, a discernir lo correcto de lo incorrecto, a poder interpretar lo que tus guías espirituales te están tratando de comunicar desde que naciste; a entender el mensaje del Universo y a Dios mismo. Hazte una pregunta a la cual buscas una respuesta y has silencio. No pienses en nada. Deja que los pensamientos lleguen a ti. Tarde o temprano podrás escuchar o sentir como si te hubiesen puesto un pensamiento en tu mente. Escribe esa respuesta y luego analiza si te hizo sentido. Con la práctica, agudizarás tu habilidad y encontrarás las respuestas a todas tus preguntas e incógnitas.

> *"El tesoro que buscas afuera, se encuentra en tu corazón."*
> **Anónimo**

No hay nada afuera que no esté dentro de ti. Vivimos en un mundo dual. La dualidad se manifiesta en el frio y el calor, adentro y afuera, arriba y abajo, negro y blanco, hombre y mujer, materia y espíritu, etcétera.

Lo que no te gusta de tu vecino es algo que tienes dentro de ti que no has logrado resolver, sanar o ni tan siquiera has podido identificar. La meditación te da una conciencia más amplia donde comienzas a ver todas estas cosas que a lo mejor ni sabías que existían o que las conocías, pero no podías identificar en tu vida.

Esta práctica te apoya en tu autoevaluación para que identifiques dónde puedes mejorar en tu vida; desarrolles compasión, empatía, autocontrol; a canalizar el coraje del pasado y transformar esa energía en motivación, acción y ejecución; a sanar tu cuerpo y tu mente; a desarrollar tu intuición y el sexto sentido; a darte cuenta que todos estamos interconectados y que hacerle daño a otro es hacerte daño a ti misma.

La meditación aumenta tu vibración y te conecta con el flujo natural den Universo. Tendrás presentimientos y seguir tu intuición te mantendrá en el camino correcto para que logres lo que te propongas. En fin, los beneficios son numerosos y todos redundan en una mejor calidad de vida para ti, mayor satisfacción y felicidad, en tu diario vivir.

Evita los extremos. Nunca te sobresaltes por las cosas buenas que te pasen, tampoco te deprimas cuando las cosas no salen como como quisieras. Mientras mejor domines tus emociones, mejor vas a pensar, más situaciones incómodas podrás manejar y mejor percibirás tu realidad, sea cual sea. Escoge la técnica de meditación que más te guste y comienza a descubrir el UNIVERSO que yace dentro de tu SER. El mundo intangible es mucho más grande que el vasto universo físico. Es momento de que te sensibilices, que descubras los mensajes de tu corazón y cumplas con la misión que viniste a ejecutar en este planeta; en esta vida; AHORA.

Hay un dicho que dice: "una vez un sabio dijo... NADA." Cuando guardas silencio y escuchas, tu intuición se exalta y empiezas a comunicarte con el Universo, permitiendo que te guie y muestre el camino que ya escogiste, pero no recuerdas.

En conclusión, la meditación permite que identifiques la maya (maia o ilusión) y puedas darte cuenta de que todo tiene un propósito y aunque todo pasa por algo, siempre pasa para tu beneficio personal y el colectivo al mismo tiempo. Si meditar te hará más feliz, ¿porqué no practicarla?

CAPÍTULO 9

EL PODER DE TOMAR ACCIÓN

"La visión sin ejecución, es solo una alucinación."

HENRY FORD

El propósito de este capítulo es que entiendas la importancia de tomar acción y que te inspires a acercarte a tu meta todos los días un poco más. Sin acción no lograrás cumplir con tu propósito de vida.

Cuando ejecutamos adquirimos experiencia y aprendemos más cosas y en menos tiempo. No hay errores en la vida a menos que no aprendas de ellos. Si cometiste un error, pero aprendiste algo en de la situación, el error se convierte en aprendizaje y cuando lo pones en práctica, ese tipo de situaciones desaparecen de tu vida porque aprendiste tu lección. **No importa todo lo que hayas estudiado o toda la preparación que tengas, si no te mueves físicamente en dirección a tus metas, no lograrás lo que quieres.**

CONVIÉRTETE EN LA
ARQUITECTA DE TU VIDA

EL UNIVERSO PREMIA AL QUE SE MUEVE A TOMAR ACCIÓN. Nada en esta vida es estático: o estás viviendo, o estás muriendo; o estás triunfando o estás fracasando. Así que muévete, ataca los problemas, enfócate en identificar lo más importante que tienes que hacer en el día y llévalo a cabo, sigue los dictámenes de tu corazón y verás cómo tu vida se transformará, tus metas se harán realidad y verás que todo en esta vida es un milagro.

Cuando sabes lo que quieres, adquieres la capacidad de poder reconocer las oportunidades que te llevan a tu meta para hacerlas realidad. Eres la Arquitecta de tu vida cuando primero sabes lo que quieres y luego lo construyes. Solo si sabes lo que quieres puedes reconocer las oportunidades que te llevarán a lo que deseas.

CUANDO TOMAS ACCIÓN EN LA DIRECCIÓN CORRECTA, EL UNIVERSO COMIENZA A APOYARTE A TRAVÉS DE SÍMBOLOS, SITUACIONES, PERSONAS E INCLUSO PENSAMIENTOS. TU TRABAJO ES IDENTIFICAR LOS MENSAJES Y ACTUAR INMEDIATAMENTE.

A continuación, dos Parábolas que ilustran este concepto:

PARÁBOLA: LA CANOA Y EL VELERO

Un hombre decidido en lo que quiere lograr comienza a construir una canoa para poder llegar al otro lado de un acaudalado río. El hombre está días preparando su canoa. Al quinto día, el hombre agotado, pero muy contento, termina la construcción de su canoa. Se monta en su canoa, pero cada vez que remaba, la canoa se viraba y el señor caía al agua. Intentó varias veces infructuosamente. Al mismo tiempo, un hombre en un velero se paseaba por el río y ve a este señor cayéndose de una canoa una y otra vez. Éste se le acerca en su velero y le pregunta sobre su propósito con la canoa. El hombre en la canoa le explica que había construido esa canoa para poder cruzar el río, pero que algo había hecho mal porque la canoa no aguantaba su peso y se volcaba cada vez que comenzaba a remar.

El señor del velero ofrece llevarlo al otro lado del río. El señor de la canoa, muy agradecido, dejó la canoa en la orilla y *gustosamente se montó en el velero.*

Este pequeño cuento tiene una gran enseñanza: el Universo, en este caso representado por el hombre en el velero, jamás hubiese ayudado al hombre en la canoa si no es porque el hombre en la canoa toma acción en dirección a su objetivo: cruzar el río.

El Universo no te puede ayudar, si tu no le dejas saber qué es lo que tú quieres. **A lo mejor no sabes cómo construir tu canoa, lo más probable que no sepas cómo vas a cruzar el río; lo importante es que sepas que es lo que quieres y comiences a tomar acción en esa dirección. Recuerda, el Universo premia al que se mueve.**

PARÁBOLA: ESPERANDO LA AYUDA DE DIOS

Hubo una inundación muy grande en un pueblo pequeño. Todas las personas buscaron la manera de salvarse, pero una mujer decidió quedarse en su casa. Subió al techo y comenzó a rezar incansablemente pidiéndole a Dios que la salvara. La mujer confiaba plenamente que Dios la salvaría. Al cabo de varias horas fue interrumpida por un hombre que pasaba en una balsa invitándola a subir, sin embargo, la mujer de Fe respondió "Dios me salvará" y lo dejó ir.

Horas pasaron y más personas pasaron para ayudarla: un bote, una lancha y finalmente llegó un piloto en helicóptero a darle la última oportunidad a esta mujer de salvarse. Una vez más la mujer respondió: "Dios me salvará."

Finalmente se ahogó y llegó al cielo. Dios la recibió a la entrada.

La mujer, molesta, le dijo a Dios: "¿Por qué no me salvaste si yo confiaba en ti?".

Dios le respondió: "¿Y qué querías, que yo mismo manejara el bote, la lancha y piloteara el helicóptero?"

El Universo te pone pistas para mantenerte por el camino correcto. Pero depende de ti hacer el trabajo y darte cuenta de los mensajes. Móntate en la balsa, no esperes al helicóptero. Sé la primera persona en actuar, aunque posiblemente conlleve también ser la primera en equivocarte. Al final, lograrás el éxito que buscas. **Ejecuta tu plan consistentemente, no le temas al fracaso, aprender de tus errores, modifica tu plan y repite más inteligentemente.**

AVERIGUA QUÉ QUIERES Y DA EL PRIMER PASO

"Un viaje de mil millas, comienza con un solo paso."
LAO TSÉ, PROVERBIO CHINO

No sabes cómo llegarás a tu meta, sin embargo, el Universo te enseñará el camino siempre y cuando des el primer paso. Por lo tanto, da el primer paso lo antes posible, sé consistente en lo que te propongas y a través de la práctica y muchas horas de dedicación, mejorarás la expresión creativa de tu talento y vivirás tu propósito de vida.

Tu tarea es saber qué es lo que quieres y estar dispuesta a trabajar inteligentemente. El cómo te lo va mostrando el Universo a medida que vas progresando.

Debes siempre estar dispuesta a trabajar, aunque no sepas cómo lograr tus objetivos. Necesitas resiliencia suficiente para fracasar, levantarte alegremente y continuar tu camino más fuerte e inteligente. Sal de tu zona de confort y haz el trabajo que te propusiste en el día, aunque eso implique hacer cosas nuevas y desconocidas y aunque te causen miedo. Siente el miedo, y hazlo como quiera. **NO podrás manifestar lo que te propongas si no das EL PRIMER PASO.**

LAS LUCES DE TU VEHÍCULO

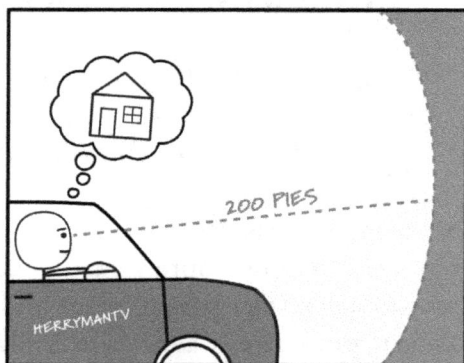

    ¿Te has fijado que cuando manejas tu vehículo de noche con las luces encendidas, solamente puedes ver alrededor de 200 pies frente a ti? No ves el camino que te lleva a tu destino. Si vas de regreso a tu casa, solo verás lo que tienes inmediatamente de frente. Tu casa no será visible con la vista hasta que llegues a ella. Sin embargo, aunque no ves la casa, sigues hacia adelante y a medida que te vas desplazando por la carretera, las luces siguen iluminando los próximos 200 pies de camino y así sigue sucesivamente hasta que llegas a tu destino.

    Lo mismo ocurre en tu vida: no ves el camino y no sabes cómo llegarás a tu meta, pero si sabes cuál es tu destino, al tomar acción, el Universo te irá mostrando el camino.

    No esperes a saber "cómo" hacer lo que deseas. El "cómo" lo descubrirás cuando tomes acción. Para alcanzar tus metas, no tienes que ver "cómo" llegarás a ellas, solo tienes que saber "porqué" quieres alcanzarlas. Ese **"porqué" ES TU PROPÓSITO DE VIDA. Y ese propósito que buscas, lo descubrirás en el próximo capítulo.**

DISPARA PRIMERO
APUNTA DESPUÉS

Nunca esperes el momento perfecto para actuar. No guardes lo mejor para el final. El mejor momento para ponerte tu traje o camisa favorita es ahora. El mejor momento para festejar tus logros es ahora. Si quieres celebrar y tienes un vino añejo exquisito, no lo guardes para luego, tómatelo hoy. Lo único que existe es el presente. El pasado ya pasó y no puedes hacer nada para cambiarlo; el futuro no ha llegado y es incierto. El pasado fue el "presente" cuando sucedió y el futuro será el "presente" próximamente. Dónde único puedes actuar es en el único momento que existe: EL PRESENTE.

El presente es el lugar donde único puedes crear, por lo tanto, no añores, te arrepientas o lamentes el pasado. Tampoco vivas preocupado por el futuro. Se te va la vida sin crear el presente que te mereces. Lo único que existe es el "ahora", y solo en este lugar es que puedes hacer la diferencia.

La manera más fácil y rápida de alcanzar una meta es disparando primero y apuntando después. Me refiero al concepto "Listo, Dispara y Apunta" (Ready, FIRE, Aim).[48] Dispara primero y apunta después. Muchas personas se alistan, luego apuntan y finalmente disparan. El problema es que se asan la vida entera apuntando, pero nunca disparan: se quedan paralizados y no toman acción. Como el momento perfecto no existe, nunca ejecutan.

El acto de disparar te permite reajustar tu tiro hasta dar en el blanco. Además, aprendes más rápido en la calle practicando que en el salón de clases teorizando con un profesor. Por ejemplo, si disparas rápido y la bala da 4 pulgadas por encima del blanco, reajusta el tiro 4 pulgadas hacia abajo y vuelve a disparar. "Hazlo, arréglalo e inténtalo".[49] Siempre ten presente que los errores son oportunidades para aprender cosas nuevas y comenzar nuevamente con más inteligencia.

> *"La imaginación no tiene significado sin acción."*
> **CHARLIE CHAPLIN**

Te invito a que no esperes el momento perfecto. Aunque no sepas cómo hacer lo que te propones, déjaselo al Universo. Él se encargará de mostrarte los detalles de "cómo" vas a lograr atravesar el camino Y si te da miedo: siéntelo, acéptalo, abrázalo y toma acción de igual manera.

> *"¡Solo hazlo!" ("Just Do It.")*
> **LEMA CREADO EN 1988 POR DAN WIEDEN PARA LA COMPAÑÍA NIKE**

LA REGLA DE LAS 10,000 HORAS

La Regla de las 10,000 horas fue popularizada por Malcolm Gladwell.[50] Dicha teoría establece que la clave para ser un experto a nivel mundial en cualquier cosa consiste en practicar una misma tarea por al menos 10,000 horas de manera deliberada,[51] consciente y con un propósito determinado. La frase "práctica deliberada" tiene varias definiciones, por lo que veo prudente que nos pongamos en contexto.

La palabra "deliberada" según la Real Academia Española,[52] significa hacer algo de manera voluntaria, intencionada o hecha a propósito. Por lo tanto, cuando practiques algo deliberadamente, lo haces con una intención en mente.

Mientras estás practicando algo, toma nota sobre las cosas que debes mejorar para seguir perfeccionando tus habilidades, de manera que la próxima vez que practiques lo que sea que estés haciendo, lo hagas enfocada en mejorar eso que identificaste que debías mejorar. No es igual "practicar" repitiendo lo mismo una y otra vez, que la "práctica deliberada" donde cada sesión tiene un propósito específico.[53]

Independientemente te tardes 1,000 o 10,000 horas de práctica deliberada para ser una persona experta de clase mundial, no importa. Lo verdaderamente significativo aquí es que debes enfocarte en una cosa que debes mejorar y practicar para corregir esa deficiencia. Sin embargo, para poder saber qué debes mejorar, es obligatorio que tomes acción, veas cómo lo hiciste, hagas las debidas correcciones, e intentarlo de nuevo.

Toma acción, observa tus resultados, corrige tus "errores" e inténtalo una vez más.

Esta es la razón principal por la cual NO PUEDES TE-NERLE MIEDO A FRACASAR. El fracaso es parte del proceso. Hay que intentarlo, fallar y corregir para lograr cualquiera de tus metas. Cuando fracasas, por lo menos vas acumulando tus 10,000 horas para ser una experta en tu industria. Toma el primer paso por fe y el Universo te guiará.

Cuando descubras tu propósito de vida y comiences a actuar deliberadamente hacia tu objetivo, tendrás las fuerzas, el entusiasmo y la tenacidad requerida para practicar deliberadamente las que sean necesarias para que seas competente y que tu expertise sea de clase mundial.

LA REGLA DE LOS 5 SEGUNDOS

"Si tienes un impulso para actuar sobre una meta, debes moverte físicamente dentro de los próximos 5 segundos, o tu cerebro matará esa idea."

MEL ROBBINS[54]

Una de las razones principales por lo que la mayor parte de las personas desisten de alcanzar sus sueños es la falta de enfoque. Aunque se adiestran y educan, no saben controlar su mente.

La Regla de los 5 Segundos es una técnica que te ayudará a tomar control de tu mente antes de que ella tome control de ti. Es una herramienta que ter permitirá controlar tus impulsos antes de que tu ego o subconsciente te sabotee sembrándote la semilla de la duda. Es una manera sumamente efectiva y de fácil implementación que anula o ignora tus emociones.

Cuando tienes algo que hacer, no puedes añadirle "tiempo" a la fórmula. No tomar una decisión oportuna y esperar al momento perfecto mata tu idea y te imposibilita de alcanzar tu destino. Las mejores decisiones de tu vida, las tomaste al instante. **Dispara primero. Apunta después.**

En resumen, la Regla de los 5 Segundos establece lo siguiente:

1. Sientes un instinto de actuar.

2. Ese instinto de actuar va dirigido hacia una meta u objetivo.

3. Debes esforzarte u obligarte a hacer lo que tengas que hacer.

4. Comienza el conteo: "5, 4, 3, 2, 1"... y ¡MUÉVETE! Debes moverte dentro de los primeros 5 segundos. Esa es tu ventana de oportunidad.

5. Si no te mueves físicamente dentro de esos primeros 5 segundos, tu cerebro matará la idea y tu mente te saboteará con excusas y miedos.

Si tienes una premonición o algo que hacer en agenda, conéctate con tu ser y actúa dentro de los primeros 5 segundos. Actúa ANTES de que tu mente te siembre la semilla de la duda. **No esperes sentirte motivada para actuar. La motivación que deseas no la tendrás en el momento en que más la necesites.**

Tomar acción es lo que te da la motivación que buscas por lo que crear el hábito de actuar dentro de los primeros 5 segundos es una herramienta indispensable para desarrollar al máximo tu potencial.

PARÁBOLA: EL BOTÓN DE "SNOOZE"

Una vez se encontraban 2 individuos, uno se llamaba Paco y el otro Pepe. Paco era el dueño de una empresa internacional, exitoso, querido y admirado por todos. Por otro lado, Pepe estaba en bancarrota, no tenía que comer y la familia lo había abandonado. Ambos se conocían desde la infancia porque estudiaron juntos cuando niños.

Un día, hicieron un reportaje sobre Paco y Pepe. La periodista a cargo se llamaba María esta se le acercó a Paco y le preguntó:

"Paco, ¿me puedes explicar porque tú eres tan exitoso mientras Pepe parece tener una racha de mala suerte que nunca termina? Ambos se criaron en el mismo lugar, estudiaron juntos, tuvieron las mismas oportunidades: ¿qué pasó?

"La diferencia yace..." – contestó Paco-, "en la "Regla de los 5 Segundos".

"¿En la Regla de los 5 Segundos?" -Inquirió María-.

"Sí". – contestó Paco-. "Todos los días ambos ponemos el despertador a las seis de la mañana. La diferencia es que yo me levanto de inmediato, sin pensarlo y me muevo de la cama en menos de cinco segundos.

¿A qué te refieres con eso?" – preguntó María-.

"Cuando me levanto en la mañana o cuando me siento inspirado, llevo a cabo la acción dentro de los primeros 5 segundos. – contestó Paco-. Pepe por el contrario, aunque tiene las mismas metas y la misma capacidad que yo, espera más de

5 segundos en moverse de la cama, lo que causa que apriete el botón de repetición o 'snooze' en su reloj de alarma y siga durmiendo.

"¿Porqué eso es tan importante?" – preguntó María-.

En promedio, – dijo Paco-, Pepe duerme una hora más que yo al día. Equivalente a 15.20 días al año desperdiciados por apretar el botón de "snooze". Pepe ha perdido muchas horas de producción en este pequeño pero devastador detalle. Y esta misma dejadez y actitud, Pepe la lleva a las otras áreas de su vida.

¿Cuál es la diferencia entre Paco y Pepe? Que Paco utiliza La Regla de los 5 Segundos y Pepe tiene el mal hábito de apretar el botón de 'snooze'.

TOMA ACCIÓN PARA SENTIR SATISFACCIÓN

La **MOTIVACIÓN** no sirve para nada si no viene acompañada de **ACCIÓN**. **Asegúrate de motivarte tomando acción y que no dependas de sentirte motivado para actuar. No esperes a estar motivada o a sentirse bien para hacer las cosas.** Ese momento nunca llegará. Cuando pongas la alarma para despertarte temprano, levántate de la cama sin pensarlo. Si lo piensas, ahí te vas a quedar. Tu cerebro está diseñado para buscar placer y evitar lo desagradable o peligroso para aumentar la probabilidad de supervivencia. Este mecanismo de defensa le llaman la respuesta de "lucha o huida" ("fight or flight" response").

Este mecanismo de defensa fue diseñado para asegurar tu supervivencia produciendo una respuesta física muy útil a corto plazo ante una amenaza de vida o muerte. En la Edad de Piedra, por ejemplo, debíamos defendernos de depredadores, de un enemigo enojado o de tu vecino cavernícola que quería violarte, matar a tu esposo y luego comerse a tus hijos.

Al aumentar la frecuencia cardíaca y redirigir el flujo sanguíneo y la energía a las extremidades y lejos de los sistemas digestivo e inmunológico, la respuesta de lucha o huida ayudó a nuestros antepasados a luchar contra el depredador o a huir muy rápido de él.

Nuestros antepasados que tuvieron éxito en la lucha o la huida dieron lograron procrearse y mantener viva su descendencia, por lo que la respuesta de "lucha o huida" fue parte de la ventaja evolutiva de las personas más aptas que sobrevivieron y procrearon. ¡Gracias antepasados!

El órgano encargado de este mecanismo de defensa se llama la amígdala. Ésta, se encuentra en la parte interna del lóbulo temporal medial en el cerebro[55] y es parte del sistema límbico que procesa y controla las emociones en el cerebro. La amígdala controla tus respuestas de satisfacción, rabia, miedo, instintos sexuales y hasta permite la inhibición de conductas.

En algún momento, este mecanismo de defensa fue necesario para sobrevivir las amenazas de la época, razón por la cuál hoy en día el cerebro humano está acostumbrado a fijarse en lo malo, peligroso y negativo para identificar una amenaza potencial y evitarla a toda costa.

En la Edad de Piedra tus antepasados dormían o se protegían en una cueva y no sabían cuándo entraría depredador a comerse a tu familia. Hoy en día, el mecanismo de defensa de "lucha o huida" está obsoleto y es innecesario en la mayoría de los casos, por lo tanto, es tu deber adiestrar tu mente para que estés en control de ella y no que ella te controle. Si continúas haciendo tus tareas diarias en "piloto automático", te mantendrás atrapada en tu zona de confort.

Es natural para nosotros resguardarnos en lo conocido y no arriesgarnos a aventurar para crear cosas nuevas. El problema es que el punto de creación se encuentra justo más allá de tu zona de confort. Igualmente, todas tus metas, objetivos, tu alma gemela y cualquier objetivo que valga la pena alcanzar cuesta trabajo, es difícil, te pondrá en situaciones inciertas, de vulnerabilidad y de mucho miedo.

Puedes motivarte todo lo que quieras leyendo esta guía, pero en el momento crítico para tomar acción, esa motivación desaparecerá y tus miedos te atacarán de manera que tu cerebro tratará de tomar control de la situación para "que sobrevivas a una amenaza de vida o muerte inexistente". La respuesta correcta para retomar el control de tu mente y cuerpo implementar la "Regla de los 5 Segundos" para tomar acción inmediatamente y vencer tu batalla interior.

***NOTA**: *Recuerda utilizar el Poder de la Medicación y de la Gratitud: ambos excelentes complementos para dominar tu mente. Se ha probado científicamente que ambas prácticas ayudan a disminuir el tamaño de la amígdala proveyendo mayor satisfacción y bienestar general, y menos miedo o estrés en las personas. Lo importante aquí es que no permitas que tu mente te domine y tome control de tu vida. Enfócate en tomar acción utilizando la "Regla de los 5 Segundos" antes de que tus emociones, a través de la amígdala en tu cerebro, destruya tu inspiración.*

Repite conmigo: **"EN VEZ DE MOTIVACIÓN, HAY QUE TOMAR ACCIÓN"**.

SIENTE EL MIEDO Y LUEGO ATÁCALO

"Utiliza el miedo como gasolina para salir adelante."

GRANT CARDONE

Tu éxito está íntimamente relacionado en cómo manejas tus miedos. No estás sola. Todos tenemos miedos. La diferencia principal está en cómo los manejas.

Hay 5 maneras de resolver tus problemas o miedos:

1. Los ignoras;

2. Los evades;

3. Huyes de ellos;

4. Sucumbes a ellos;

5. Los ATACAS.

De todas las opciones anteriores, la única correcta es atacar tus miedos lo antes posible. Si ignoras, evades, huyes o sucumbes ante tus miedos, estos seguirán creciendo hasta que eventualmente te den en la cara. No se eliminarán; solo crecerán.

La peor manera de resolver tus problemas o de manejar tus miedos, es sucumbir a ellos. Sucumbir es darte por vencida, rendirte y dejar que tus miedos te paralicen y te mantengan alejada de los triunfos y logros que viniste a alcanzar en esta vida.

Por el contrario, cuando atacas tus miedos de frente y al momento, los aprendes a manear: te das cuenta que son una emoción infundada, inventada e imaginada que solo existe dentro de tu cabeza. Cuando utilizas el miedo como gasolina para salir adelante y convertir los obstáculos en oportunidades y soluciones, te haces más fuerte, tu imagen mental se aclara y aumentan tus energías y motivación para lograr tu propósito. Si combinas una imagen mental clara de tu propósito con la disposición para atacar tus problemas mientras van surgiendo, garantizas que el Universo utilice vías misteriosas para apoyar tus sueños y hacerlos realidad. Verás cómo en vez de paralizarte por tus miedos, comenzarás a ver nuevas maneras de tomar riesgos y experimentar nuevas posibilidades que no estaban disponibles para ti anteriormente por falta de visión y de tener la actitud correcta.

PARÁBOLA: EL CABALLERO DE LA ARMADURA OXIDADA[56]

Esta historia es una muy interesante y de mucho aprendizaje. Quiero compartir contigo lo que aprendí en uno de los capítulos de dicho libro titulado "El Castillo de la Voluntad y la Osadía". Veamos qué ocurre cuando el protagonista del cuento, el Caballero de la Armadura Oxidada confronta sus miedos.

El Caballero no comprende ni valora lo que tiene. Poco a poco se va encerrando dentro de su armadura, hasta que un día, llega a su casa y deja de quitársela. Eventualmente la armadura del caballero deja de brillar y se oxida y cuando se viene a dar cuenta, ya no puede quitársela. Prisionero de sí mismo, emprende un viaje por tres castillos a través del "sendero de la verdad". En el camino se va dando cuenta de muchas cosas que nunca había notado. En el camino, el Caballero va reflexionando, mejorando como ser humano hasta que finalmente logra deshacerse de la armadura que le había imposibilitado abrirse al mundo.

En el sexto capítulo, llamado "El Castillo de la Voluntad y la Osadía", el Caballero llega al Castillo de la Voluntad y la Osadía. De repente, se abrió de golpe la puerta del castillo y apareció un dragón enorme y amenazador. Era diferente a los demás porque era más grande, tenía escamas verdes y echaba fuego por la boca, ojos y oídos. Botaba llamas azules. Ese era el Dragón del Miedo y la Duda y eso era exactamente lo que el Caballero sentía: miedo y duda. Rebeca, una paloma que andaba con el Caballero le dijo que "el conocimiento de uno mismo podía matar al Dragón del Miedo y la Duda." De todas maneras, el Caballero seguía sintiendo miedo del Dragón y dudas sobre su capacidad de vencerlo.

El Caballero, intentó cruzar el puente, pero el Dragón del Miedo y la Duda logró quemarlo con una de sus llamas. El Caballero, aullando de dolor atravesó el puente de regreso como una bala y se sumergió en un arroyo para sofocar las llamas en su trasero.

La Ardilla lo felicitó por haber sido tan valiente y le exhortó a que lo intentara de nuevo. Rebeca le recuerda que el Dragón, el fuego y lo que sintió era una ilusión. La mente es tan poderosa que sintió la quemadura, pero solo fue efecto de su propia imaginación o miedo. Sam le dijo al Caballero que, si enfrentaba sus miedos y lo intentaba de nuevo, tenía una posibilidad de derrotar al Dragón, pero si no lo intentaba, de seguro este lo destruiría.

El Caballero se levanta y cruza el puente levadizo una vez más. Pero esta vez, el Caballero que marchaba hacia el dragón no era el mismo. Se decía a sí mismo que "el miedo y la duda son ilusiones". El Dragón siguió tirando fuego contra el Caballero una y otra vez, pero no lograba darle. A medida que el Caballero se iba acercando con determinación, el Dragón se iba haciendo cada vez más pequeño, hasta que alcanzó el tamaño de una rana y finalmente desapareció. El Caballero siguió su camino con mucha alegría porque ya sabía que ya nada le podía detener.

¿Cuáles son algunas de las enseñanzas que nos regala este relato?

1. El miedo es una ilusión.

2. Las cosas no son tan malas como nos las imaginamos. Al final, casi nada de las cosas negativas que uno piensa que nos van a suceder, se materializan.

3. Si atacas los problemas y confrontas tus miedos, los
    vas a resolver. Parecen dragones, pero cuando los con-
    frontas utilizando el miedo como gasolina para impul-
    sarte a seguir hacia delante, con determinación verás
    que realmente son unas ranas indefensas y desapare-
    cerán.

4. Si te conoces a ti misma: (1) te fortaleces; (2) tu con-
    fianza en ti misma aumenta y (3) nada podrá detenerte.

5. Si tienes miedo, toma acción. Si tienes duda, toma ac-
    ción. Si sabes lo que quieres, toma acción. Si no sabes
    todavía cómo vas a alcanzar tus metas, toma acción.

> *"El Caballero finalmente entendió que "él era*
> *el arroyo, la luna y el sol. Que podía ser todas las*
> *cosas a la vez, y más, porque era UNO con el UNI-*
> *VERSO: era AMOR."*[57]
>
> **ROBERT FISHER**

PARÁBOLA DE LA SUPERVIVENCIA

Cada mañana en el desierto hay un antílope que se despierta y sabe que deberá correr más rápido que el león si quiere seguir con vida. Al mismo tiempo, hay un león que se despierta y sabe que deberá correr más rápido que el antílope para no morir de hambre. Por lo tanto, cada mañana, seas un antílope o un león, tu mejor opción es amanecer corriendo.

Toma acción todos los días como si tu vida dependiera de ello. La realidad es que, ciertamente, la calidad de vida y el futuro tuyo, de tus hijos y familiares en general, dependen de lo que hagas hoy. Reconoce tus talentos y emprende tu vida como si hoy fuera el primer día: sin las frustraciones del pasado; y cómo si fuera el último: sin procrastinar cosas importantes para mañana y siempre con un profundo sentimiento de gratitud.

Recuerda que con tus pensamientos atraes las oportunidades a tu vida, pero te beneficias de ellas y manifiestas las cosas que deseas ejecutando tus estrategias y manteniendo un enfoque inquebrantable en dirección hacia tu PROPÓSITO DE VIDA. El Universo no te premia por lo que sabes, te premia por lo que haces. Confronta y ataca tus miedos.

EJERCICIO PARA TOMAR CONTROL DE TUS MIEDOS

El propósito de este ejercicio es que sigas conociéndote y adquiriendo autoconsciencia de tus patrones de comportamiento y miedos más latentes que te han paralizado o alejado de cosas que quieres manifestar en tu vida. Una vez identifiques el problema, es más sencillo solucionarlo.

Sigue las instrucciones a continuación:

1. Escribe una lista de todos tus miedos.

2. Escribe debajo de cada miedo, que metas no has logrado o que oportunidades perdiste a causa de no atacar o confrontar ese miedo.

Datos para considerar durante el ejercicio:

*   No confundas el miedo con cobardía. Se puede ser valiente y tener miedo a la vez. Me pasa a mí todos los días.

*   Eres responsable de todo lo que te ocurre y de todo lo que tienes. Asume la responsabilidad de tu situación actual, aunque sientas que estás estancada y que no estás progresando en tu vida. Esos resultados son provocados por tus miedos. Para lograr tus metas y progresar en donde te propongas, debes utilizar el miedo cómo gasolina para seguir adelante.

Realiza aquí el ejercicio:

_____

_____

_____

_____

_____

_____

_____

_____

_____

_____

_____

_____

_____

_____

_____

_____

_____

_____

_____

_____

_____

_____

_____

_____

_____

_____

_____

_____

_____

_____

_____

_____

_____

_____

_____

_____

_____

¿Cuándo es el momento de:
¿emprender tus sueños?
¿amar y ser amada?
¿comenzar ese nuevo proyecto?

¡EL MOMENTO ES AHORA!

CAPÍTULO 10

EL PODER DE TENER TU PLANTILLA DE VIDA

"Tenemos que mantener a un hombre dis-
puesto a razonar sobre la elección de su oficio
o profesión diaria. Ya no es una excusa, que sus
actos sean la costumbre de su tipo de trabajo.
¿Qué asunto tiene él con un comercio malvado?
¿No tiene un llamado en su carácter?

Cada ser humano tiene su propia voca-
ción. El talento es la llamada. Hay una direc-
ción en la que todo el espacio está abierto para
él. Él tiene unas facultades que silenciosamente
lo invitan hacia un esfuerzo infinito. Él es como
un barco en un río; navega contra obstruc-
ciones en todos los lados, menos en uno; en ese
lado toda obstrucción es removida, y se mueve
serenamente sobre un canal que se va profundi-
zando hacia un mar infinito. Este talento y esta
llamada dependen de su organización, o del
modo en que el alma colectiva se encarna en él.
Se inclina a hacer algo que es fácil para él, y
que es bueno cuando se hace, pero que ningún
otro hombre puede hacer. Él no tiene rival.
Mientras más verdaderamente consulte sus pro-
pios poderes, más diferente será su trabajo en
comparación con los de cualquier otro."

RALPH WALDO EMERSON, ESSAYS,
FIRST SERIES [1841]

Ha llegado el momento de que descubras tu propósito de vida y desarrolles un plan con estrategias específicas que puedas comenzar a implementar inmediatamente para lograr lo que te propongas con alegría y disfrutándote el proceso. Una vez encuentres tu propósito de vida serás guiada por los eventos en tu vida sin resistencia hacia tu más preciado destino: tus deseos se materializarán, y verás como el Universo te apoyará de maneras aparentes y misteriosas. Si sigues los 10 pasos para crear tu plantilla de vida en este capítulo te aseguro que manifestarás en tu vida lo que te propongas y obtendrás el resultado que deseas.

La vida es como un juego. Deber verla en tercera persona para que no tomes las cosas personales y puedas disfrutarte el proceso sin apegos emocionales que activen tu respuesta de "pelea o huida" que hablamos en el cap´^tulo anterior. Cada situación que enfrentes, las buenas y las no tan buenas, tienen el propósito de enseñarte algo. Lo importante es que sepas que todo pasa por algo y siempre es para mejorar.

Cuando buscas la manera de controlarlo todo, no disfrutas del proceso. Tu propósito de vida te mantendrá con una fe inquebrantable. Sé paciente, confía en tus habilidades y abraza la incertidumbre Hay orden dentro del caos.

Sigue tu instinto e individualidad única para descubrir tu propósito y deja que el Universo sea el que se encargue de rellenar los detalles. Recuerda que debes saber a dónde quieres llegar, no cómo es que vas a llegar: de esos detalles se encarga en universo: ten fe.

Contesta todo lo que se te pregunte en cada uno de los pasos. Disfruta el proceso y observa como le vas dando dirección a tu vida. ¡Emociónate! El resto de tu vida será muy diferente a lo que has vivido hasta el momento. Este ejercicio hará que tu inversión de tiempo y energía de ahora en adelante obtenga el mayor retorno posible. No te conformarás con otra cosa que no sea el mejor y más alto resultado que puedas producir.

Aunque esta técnica puede ser utilizada para llevar a cabo un proyecto personal o de negocio a nivel individual o colectivo, es necesario que empieces con la persona más importantes en tu vida: tu misma. Una vez sepas tu propósito de vida, estarás mejor preparada para identificar otros proyectos y negocios repitiendo este mismo proceso.

Lo importante ahora es que resaltes los rasgos únicos de tu personalidad y de tu carácter para que el día que mueras hayas dejado este planeta mejor de lo que lo encontraste y honres el Plan Divino que el Universo tiene para ti, convirtiéndote en instrumento de luz y transformación a través de la ejecución de tu propósito de vida. Te llevaré de la mano por el proceso.

¿CUÁL ES TU TALENTO?
¿CUÁL ES TU LLAMADO?

A los 16 años me mudé con mi abuela a Sugar Land, Texas, unos suburbios a 20 minutos de la ciudad de Houston donde cursé mi undécimo y duodécimo grado de escuela superior en "Clements High School". Allí fui expuesto a los escritos y enseñanzas de personalidades como Ralph Waldo Emerson, quien nació en Boston, Massachusetts en 1803 y es denominado uno de los pensadores más prominentes del siglo XIX en Estado Unidos, pacifista, escritor e intelectual.

La cita al principio de este capítulo la extraje de su primer libro de Ensayos, publicado en 1841 donde reunió sus conferencias más famosas. Esta cita toca la fibra del mensaje principal de esta guía: la importancia de saber cuál es tu propósito en esta vida y la manera de descubrirlo.

Eres una máquina de producción lleno de creatividad en potencia, esperando que su operador (tú) la enciendas y la pongas a trabajar en una sola dirección: en tu propósito.

Eres única, por lo tanto, para descubrir tu propósito de vida debes estudiarte a ti misma: mirar hacia tu interior, cuestionarte todo e identificar cuáles son tus talentos. Esos talentos vinieron contigo de nacimiento. Son esas habilidades innatas o los regalos que Dios o el Universo te ha obsequiado para que hagas el bien y desarrolles al máximo tu potencial humano y espiritual.

Una vez identifiques tus talentos y los comiences a poner en práctica, se abrirán todas las puertas para lograr tu cometido y los obstáculos caerán a tus pies. Podrás tener contratiempos y obstáculos a diestra y siniestra, pero frente a ti, por el camino en que te diriges, se abrirán las aguas dándote paso para recorrer por el camino correcto igual que le ocurre al barco en el río al que Ralph Waldo Emerson hizo referencia.

Y como eres una persona única y poderosa, mientras más consultes a tu propio SER, esa energía que yace en tu interior, más se diferenciará tu trabajo, tu producto o tu legado de cualquier otro ser humano. El producto final será uno útil y de la más alta calidad.

Viniste a este mundo a hacer algo específico. Y descubrir ese "algo" ni es fácil ni es poca cosa, sin embargo, es tu responsabilidad, ética y deber moral descubrirlo para que tanto tú cómo los que te rodean se beneficien de tu labor y de tu legado.

Por el contrario, si caminas por el sendero equivocado tu vida será dura, difícil y poco gratificante. Los obstáculos serán cada vez más grandes para que te des cuenta de que andas por el camino equivocado.

En realidad, los obstáculos son bendiciones disfrazadas. Son una manifestación a través de la cual el Universo intenta mostrarte tu propósito de vida.

¿Y cómo aprendes de los obstáculos? Confrontándolos. EJECUTA una acción, OBSERVA los resultados y CORRIGE tu ejecución de acuerdo con los resultados obtenidos.

Es tu entera RESPONSABILIDAD confrontar los obstáculos y aprender de ellos para poder entonces modificar tu enfoque y cumplir tu propósito de vida.

Tus talentos son tu verdadera riqueza. Con ellos puedes lograr cualquier meta que te propongas. Tus talentos son el mapa hacia tu propósito de vida.

DESCUBRIENDO LA MISIÓN DE TU ALMA Y TU PROPÓSITO DE VIDA

La vida te ha golpeado fuertemente en el pasado y los obstáculos que se te han presentado te desenfocaron de tus metas y al poco tiempo dejaste de ser consistente y lo que algún día quisiste o te propusiste, quedó en el olvido.

Durante este ejercicio, es posible que descubras cosas sobre ti que no sabías que existían y mucho menos que las poseías. Por lo tanto, sugiero que hagas el ejercicio por tu cuenta primero, y luego busques una persona que te aprecie muchísimo, que te conozca bien y que sea honesta contigo al momento de decirte las cosas para que te ayude en las áreas que te sientas estancada o para que te de información valiosa que te provea mayor claridad y complemente lo que hayas escrito por tu cuenta.

EJERCICIO: 10 PASOS PARA CREAR TU PLANTILLA DE VIDA

Es importante que medites o guardes silencio de cinco (5) a diez (10) minutos cuando vayas a llevar a cabo cada uno de los pasos a continuación para que tengas la mente relajada, despejada y lista para desarrollar tus respuestas.

La misión principal de esta guía es que, al concluirla, hayas descubierto tu verdadero propósito de vida y que estés energizada para salir a la calle a TOMAR ACCIÓN con una PLANTILLA DE VIDA con estrategias específicas para lograr tus metas. Comprométete contigo misma en completar este ejercicio. Si sigues las instrucciones y das el máximo, tu vida cambiará y te catapultarás desde donde estás, hasta dónde quieres llegar.

Mientras vayas construyendo tu PLANTILLA DE VIDA, enfócate en descubrir tus talentos y en identificar esa única cosa más importante, que si la llevas a cabo a diario, es la que más te acercará a tu meta principal. Para esto es importante que te hagas algunas preguntas, y que, al contestarlas, no te pongas límites: utiliza tu imaginación. Es el momento de soñar y de DESENCADENAR TU CREATIVIDAD dejando fluir todas las ideas que lleguen a ti sin cuestionarlas ni pasar juicio.

Sugiero que cuando escribas tus metas y propósito no hagas como hice yo, que sin percatarme tenía metas vacías que solo buscaban hacer dinero o enfocarse únicamente en el mundo material. Trabajo con muchos artistas en la industria de la música y aprendí que ni la fama ni el dinero te harán feliz. La felicidad viene de adentro.

El dinero un vehículo para obtener lo que quieres, pero no es un destino en sí mismo. Por lo tanto, asegúrate de que tus metas le hagan bien a tu cuerpo, mente y espíritu y a los que te rodean. Necesitas metas que vayan más allá de la fama y el dinero. Piensa a largo plazo. Si identificas que tus metas giran alrededor de hacer más dinero, pregúntate, ¿qué quisiera hacer una vez tenga todo el dinero que deseo? La respuesta a esa pregunta te comenzará a señalar el camino.

El Universo quiere que florezcas y que desarrolles tu potencial humano, pero tienes que poner de tu parte: no te limites. Al contestar las preguntas de este ejercicio ni la edad, ni el dinero, ni nada material o físico es una limitación: imagina que TODO LO QUE QUIERAS ES POSIBLE. El cielo es el límite. ¡Comienza Ahora!

1. TU IMAGEN IDEAL

¿Dónde te ves de aquí a 20 años? ¿En 10 años? ¿Qué te gustaría estar haciendo en 5 años?

Describe detalladamente la imagen que tienes de ti misma a largo plazo: en 5 años o más. La claridad de esa imagen es vital. Debe contener el resultado que deseas, y que dicho resultado sea beneficioso para ti y para las personas que te rodean. Que sea algo que te inspire y te dé energías para levantarte y llevar a cabo tus objetivos día a día. Solo lograrás esa Imagen Ideal si ves el valor que sus resultados tendrán sobre ti y muy en especial, sobre las personas que vas a servir.

El propósito principal de este capítulo es que descubras tu PROPÓSITO DE VIDA y cuentes con tu Plantilla de Vida, por lo tanto, tu Imagen Ideal debe mostrarte el resultado que vas a tener luego de llevar a cabo tu propósito de vida. Olvídate de cómo vas a llegar ahí, eso lo descubrirás pronto. Lo importante es saber a donde quieres llegar. Visualiza sin límites.

_____

_____

_____

_____

_____

_____

_____

_____

_____

_____

_____

_____

_____

_____

_____

_____

_____

_____

_____

_____

_____

_____

_____

_____

_____

_____

_____

_____

2. LA MISIÓN DE TU ALMA

LA MISIÓN DE TU ALMA es algo que pudieras hacer todos los días. La puedes conseguir pensando en cosas que te hacen feliz. ¿Qué te gusta hacer por placer? ¿Qué pasatiempos tienes? ¿Qué es algo que cuando comienzas no puedes parar de hacerlo? ¿Porqué te levantas todos los días? ¿Qué te ha motivado a utilizar esta guía para descubrir tu propósito de vida?

Convierte tu respuesta en una frase, oración o párrafo que vas a leer todos los días al levantarte para mantenerte enfocado. Es algo que puedes leer en momentos difíciles o cuando las cosas no salgan como esperabas. Algo que te energice y te motive a levantarte y seguir adelante sin importar los obstáculos o contratiempos que puedas experimentar. Es algo que te apasiona y le da sentido a tus días: tanto en los momentos de luz como en los de oscuridad. Es algo qué harías aunque no recibieras paga alguna, pero que como es algo que disfrutas tanto, encontrarás la manera de hacer dinero con esa misión para poder vivir sin presiones económicas el resto de tu vida. LA MISIÓN DE TU ALMA es la razón espiritual de porqué estás viva en este planeta.

_____

_____

_____

_____

_____

_____

3. TUS TALENTOS INNATOS

Prepara una LISTA DE TALENTOS de no menos de 25 talentos. Lo que sea que pongas en esta lista asegúrate que sea algo que hagas BIEN. Que el resultado sea sobresaliente o te distinga de las demás personas.

Puedes utilizar las siguientes preguntas para desarrollar tu listado:

¿Qué cosas haces bien? ¿Qué habilidades innatas tienes? ¿Qué has aprendido a hacer bien a través de tu vida? ¿Escribes bien? ¿Te gusta la poe sía? ¿Eres visual? ¿Se te facilita comunicarte con los demás?¿Eres buena en deportes? ¿Eres buena persuadiendo a otros? ¿Eres buena negociante? ¿Lideras o diriges grupos de personas? ¿Eres buena en ventas? Si eres buena en ventas: ¿qué tipo de ventas? ¿Venta de carros, servicios, ideas? ¿Eres buena administradora? ¿Manejas bien tu dinero o el de los demás? ¿Sabes identificar oportunidades para invertir y recibir mayores retornos que tu competencia? ¿Eres buena con la tecnología? ¿Sabes codificar programas, arreglar computadoras, grabar o editar videos?

Esta lista pudiese tomarte un tiempo hacerla. No te sientas mal si te toma más de un día en terminarla. Comienza a prepararla y cada vez que te acuerdes de algún talento o habilidad que tengas, escríbela. Y cuando pongas un talento, puedes subcategorizarlo para hacerlo más específico. Por ejemplo: "escribir" es algo general; y "escribir un comunicado de prensa" o "escribir un poema" es una subcategoría más específica.

Es importante tener en cuenta que los excesos no son saludables. Puedes creer que tienes un talento que en realidad es una debilidad. Por ejemplo: puede que tengas una capacidad analítica increíble, pero si sobre analizas las cosas, se convierte en un área para mejorar debido a que al sobre analizar las cosas, ejecutas en destiempo o a lo mejor nunca alcanzas esa meta porque te quedaste paralizado en la etapa del análisis. A eso le llamo "análisis-parálisis".

Asegúrate de enfocarte en lo positivo y en cómo mejorar tus talentos para tener destrezas especializadas y logres sobresalir donde quiera que vayas. Por otro lado, no confundas algo que sabes hacer con algo de lo que tienes conocimiento. Puedes tener conocimiento sobre un motor de carro, pero en la práctica, no sabes cómo arreglarlo. **No tienes esa habilidad o talento, aunque pudieses tener el conocimiento.**

¿Cuáles son tus TALENTOS?

_____

_____

_____

_____

_____

_____

_____

_____

_____

_____

_____

4. TU PROPÓSITO DE VIDA

Para esta sección, vas a interconectar TU IMAGEN IDEAL, TU MISIÓN DEL ALMA y TUS TALENTOS INNATOS para encontrar TU PROPÓSITO DE VIDA. Ve agrupando y combinando conceptos e ideas que vayan surgiendo. No hay límites. Crea un propósito de vida que te **energice**, que te **inspire** a hacer cosas que jamás has hecho antes, a pensar en grande y a **cambiar el mundo si así lo deseas.**

TU PROPÓSITO DE VIDA es lo que viniste a hacer en esta vida. Es parecida a LA MISIÓN DE TU ALMA, pero más físico-material. LA MISIÓN DE TU ALMA es algo más espiritual. TU PROPÓSITO DE VIDA es algo práctico que, llevándolo a cabo a diario, disfrutarás lo que haces y como resultado ayudarás e inspirarás a otros en el camino, crearás valor en la sociedad y gozarás de un ambiente de abundancia a tu alrededor y en todo lo que hagas. TU PROPÓSITO DE VIDA debe hacerte sentir bien a ti, no a nadie más. Y ese sentido de bienestar lo transmitirás en todo lo que hagas.

Pregúntate, ¿qué TALENTO puedes implementar para lograr tu IMAGEN IDEAL? ¿Qué es ese algo que ayuda a otros y lo pudieras hacer todos los días? ¿Cómo puedes impactar positivamente la vida de 5 personas que conoces? Tan solo cambiar a las personas que te rodean puede tener un impacto profundo en la sociedad. Si impactas positivamente a 5 personas que tengas alrededor y si esas 5 personas, impactan a 5 personas más, eventualmente habrás impactado el mundo entero.

No hay una forma correcta o incorrecta de hacer este ejercicio. Lo importante es que la oración o párrafo que desarrolle, sea en un tono positivo y en tiempo presente como si lo que visualizas ya lo hubieses logrado. Necesitas utilizar un lenguaje que demuestre certeza y expectativa y produzca sentimientos de gratitud plasmado TU IMAGEN IDEAL en tu mente como si ya fuese real en el plano físico.

MI PROPÓSITO DE VIDA ES:

_____

_____

_____

_____

_____

_____

_____

_____

_____

_____

_____

_____

_____

_____

5. TUS METAS CLARAS

Ahora vas a establecer METAS a corto, mediano y largo plazo. Esas metas son los pasos que debes dar para alcanzar tu IMAGEN IDEAL y hacerla una realidad palpable con tus 5 sentidos.

¿Cuáles son tus objetivos o metas a corto, mediano y largo plazo? Recuerda que cada objetivo va enfocado a alcanzar lo que visualizaste como tu IMAGEN IDEAL y que llevarás a cabo enfocándote a diario en la MISIÓN DE TU ALMA y dejándote llevar por TU PROPÓSITO DE VIDA.

- Metas a corto plazo 1: Escribe 3 cosas que quieras hacer de aquí a 3 meses.
- Metas a corto plazo 2: Escribe 5 metas que quieras lograr dentro de los próximos 6 meses.
- Metas a mediano plazo: Escribe al menos 5 cosas que quieras lograr en 1 a 3 años.
- Metas a largo plazo 1: Escribe al menos 5 cosas que quieras lograr en 5 a 10 años.
- Metas a largo plazo 2: Escribe al menos 5 cosas que quieras lograr dentro de los próximos 10 a 20 años.

Metas a corto plazo 1

_____

_____

_____

_____

_____

_____

_____

_____

_____

_____

_____

_____

_____

Metas a corto plazo 2

_____

_____

_____

_____

_____

_____

_____

_____

_____

_____

_____

Metas a mediano plazo

Metas a largo plazo 1

_____

_____

_____

_____

_____

_____

_____

_____

_____

_____

Metas a largo plazo 2

_____

_____

_____

_____

_____

_____

_____

_____

_____

_____

_____

_____

_____

_____

6. TUS ACELERADORES

Prepara una lista de por lo menos diez (10) tareas que debas DELEGAR para aprovechar mejor tu tiempo dedicándote a lo que eres buena y donde puedas maximizar tus esfuerzos para llegar a tu IMAGEN IDEAL. Lo puedes ver como el contrapeso de TUS TALENTOS. Son cosas en las que no eres buena o cosas que debes delegar porque puedes producir más haciendo otras tareas que te gusten más o que tengan mayor valor para ti o que te acerquen más tus objetivos.

Por ejemplo, si tengo que escoger entre recortar la grama de mi casa o redactarle un contrato a un cliente, en mi caso que sigo practicando como abogado, debo enfocarme en analizar el contrato y pagarle a alguien para que recorte la grama porque le puedo facturar más a mi cliente por analizar un contrato que el dinero que tengo que pagarle a alguien por recortarme la grama. Mi tiempo vale más cuando analizo un contrato que cuando recorto la grama. Por lo tanto, en este ejemplo mi ACELERADOR es delegar el recorte de grama pagándole a alguien para que lo haga por mi y utilizar ese tiempo para redactar contratos u otro servicio que me genere más dinero que lo que voy a invertir en el jardinero.

TUS ACELERADORES son tareas que, aunque

las puedes hacer tu misma, no son cosas que producen los resultados más importantes y que no necesitan de talentos especializados para llevarse a cabo o que requieren de otros talentos que tú no posees. Son cosas que puedes delegar con facilidad y que son menos costo efectivo si las haces tú misma.

Piensa en tareas que son necesarias para lograr tus objetivos, pero que es algo que no te gusta hacer; algo en la que no eres buena o que puedes delegar para enfocarte en tus talentos.

Otro ejemplo de un ACELERADOR en mi vida es cuando le facturo a mis clientes. Aunque es algo que puedo hacer yo mismo, es una tarea que toma mucho tiempo y que puedo delegar con facilidad ya sea contratando a alguien, utilizando un programa que automatice los procesos lo más posible o ambas. Esto permite que me pueda enfocar en tareas más productivas o que necesitan de un talento especializado como, por ejemplo: ir a entrevistas en radio y televisión, grabar mis propios videos, escribir un libro e ir a litigar en los tribunales. Mi trabajo interior es buscar maneras creativas de delegar todo lo demás.

Casi todo lo que no sea tu tarea más importante o esa única cosa que debes hacer para acercarte lo más posible a tu meta, debe caer bajo este renglón.

¿Qué tareas debes delegarle a otros para poder invertir tu tiempo y esfuerzo en cosas que requieran de tus talentos o en cosas donde tu tiempo valga más?

_____

_____

7. TUS FRENOS (INTERNO)

Has una lista de por lo menos diez (10) cosas que puedes controlar y que debes mejorar o eliminar de tu vida para lograr tus metas.

TUS FRENOS son malos hábitos y actitudes que te atrasan o alejan de tus metas como por ejemplo: dormir poco o demasiado, hablar mal de otras personas, fumar, beber alcohol en exceso, rodearte de personas negativas, tener pensamientos o actitudes negativas, tratar mal a los demás, falta de empatía, ofenderte con facilidad, tomar las cosas personal, ignorar al necesitado, ausentarte de reuniones familiares o de personas que te aman, dejarte vencer por el miedo, justificar tus errores, incongruencia entre lo que quieres, lo que piensas y lo que haces o limitaciones mentales autoimpuestas.

Conéctate contigo misma y a través de la contemplación y el autoanálisis haz una lista de de malos hábitos y actitudes tuyas que vas a eliminar para soltar los frenos en tu vida y alcanzar tu IMAGEN IDEAL:

_____

_____

_____

_____

_____

_____

_____

_____

_____

_____

_____

_____

_____

_____

_____

_____

_____

_____

_____

_____

_____

_____

_____

_____

_____

_____

_____

_____

_____

8. TUS DETRACTORES
(EXTERNO)

En este segmento vas a crear una lista de las cosas externas que no puedes controlar pero que están perjudicando tu crecimiento. Estos son los indicadores de riesgo. Debes siempre estar preparada para que todos los obstáculos que puedan te ocurrir, se manifiesten en tu vida o en lo que hagas[58]. Podrás planificar efectivamente ante cualquier imprevisto que ocurra siempre y cuando te prepares para lo peor con la expectativa de que todo saldrá mejor de lo esperado.

TUS DETRACTORES son situaciones perjudiciales que surgirán en el camino. Son atentados contra tu supervivencia u obstáculos que no puedes controlar y que ponen en peligro tu IMAGEN IDEAL y PROPÓSITO DE VIDA. Son cosas externas que, aunque no puedes controlar, si las identificas y las trabajas efectivamente las convertirás eventualmente en oportunidades que te catapulten a lograr tu IMAGEN IDEAL.

Somos el promedio de las personas con la que nos rodeamos más tiempo, por lo tanto, nuestro entorno es muy importante y muchas veces determinante en los resultados que tengas en tu vida. Algunos ejemplos de detractores pueden ser: tu grupo cercano de amistades, familiares, compañeros de trabajo, lugar de residencia, grupos a los que perteneces, personas a las que escuchas, medios de comunicación, política en un país, cambios de gobierno, eventos atmosféricos como huracanes, terremotos y maremotos, costos de las utilidades básicas como lo son el agua y la luz, la caída de la moneda de tu país, un golpe de estado, la deuda de un gobierno, comportamiento de las personas que viven en un país, el cierre de un gobierno por exceso de deuda y falta de capital para sostenerlo, impuestos a compañías o inversión extranjera, quiebras en los comercios, guerras entre países o conflictos entre ciudadanos en un mismo país, acceso a las comunicaciones y calidad del Internet en una región, entre otros tantos.

Haz una lista de al menos 20 detractores que tengas en tu vida:

_____

_____

_____

_____

_____

_____

_____

_____

_____

_____

_____

_____

_____

_____

_____

_____

_____

_____

_____

_____

_____

_____

_____

_____

_____

_____

_____

_____

_____

_____

_____

_____

_____

_____

_____

_____

_____

_____

9. TUS CATAPULTAS

Luego de haber completado todos los ejercicios anteriores, debes saber donde te encuentras y tener una idea de a dónde quieres llegar. En esta sección vas a observar tus alrededores utilizando esa data para que identifiques áreas de oportunidad que no estés explotando o maximizando. Son lugares de apoyo que tienes a tu alrededor y que muchas veces pasan por desapercibidos pero que pueden catapultarte a lograr tus metas y alcanzar TU IMAGEN IDEAL.

TUS CATAPULTAS son otro análisis externo de tu entorno, enfocado a lo que vas a crear en el futuro. Luego de saber a donde quieres llegar (TU IMAGEN IDEAL), cual es tu misión espiritual (LA MISIÓN DE TU ALMA), TUS TALENTOS INNATOS, tu misión en este plano físico (TU PROPÓSITO DE VIDA) junto a TUS METAS, TUS ACELERADORES, TUS FRENOS y TUS DETRACTORES, te pregunto: ¿qué oportunidades puedes identificar en tu entorno, en tu industria o en tu mercado que puedan catapultarle al próximo nivel? ¿Quién se puede beneficiar de algunos de tus talentos? ¿Qué cosas puedes hacer o que servicios puedes ofrecer en tu barrio, en tu pueblo, en tu país, en otro continente o alrededor del mundo utilizando la data que has preparado utilizando esta guía? ¿Qué necesidades hay a tu alrededor que pudieses satisfacer? ¿Qué personas que conoces pueden estar necesitados de un producto o servicio que les puedas proveer? ¿Conoces a alguien que te pueda ayudar a lograr tus metas? ¿Cómo puedes servirle a los demás o a empresas llevando a cabo LA MISIÓN DE TU ALMA y TU PROPÓSITO DE VIDA?

TUS CATAPULTAS son lugares, personas o situaciones que contienen resultados favorables para ti y que te acercan a TU IMAGEN IDEAL. Generalmente, estos lugares se crean por el mismo medioambiente, sin embargo, en muchas ocasiones pueden ser generadas por ti misma.

¿Has escuchado la frase: debes "crear una necesidad"? Las personas necesitan de un servicio, una asesoría o un producto, que muchas veces ni ellas mismas saben que lo necesitan. Es tu deber identificar la oportunidad dentro de estos lugares de apoyo y satisfacer una necesidad existente. ¿Conoces a alguien que pueda ayudarte a lograr tus metas? ¿Dónde se necesitan TUS TALENTOS? ¿Quién se puede aprovechar de ellos? Tu nicho son personas o situaciones que necesitan pagar por TUS TALENTOS. Búscalos.

Para hacer el siguiente listado, utiliza la data creada por ti en los pasos anteriores. Por ejemplo: analiza lo que escribiste bajo TU IMAGEN IDEAL y bajo TUS TALENTOS. ¿Qué talento te puede llevarte a TU IMAGEN IDEAL aceleradamente? ¿Cómo esto se compara esto con TU PROPÓSITO DE VIDA?

Como parte de este ejercicio: has una lista de TODAS las personas que has conocido en tu vida. DE TODAS. Piensa. Estoy seguro que conoces personas que necesitan de ti o tus servicios, que están dispuestas a pagar por tus servicios darte dinero o que te pueden enseñarte lo que necesitas aprender o llevarte a lugares o frente a personas que pueden facilitar que tus sueños se hagan realidad.

Las metas que te has propuesto, ¿te llevan a tu IMAGEN IDEAL? ¿Identificaste tus FRENOS y DETRACTORES? ¿Qué puedes hacer diferente ahora con esta información? ¿Si delegas ciertas cosas que haces a diario, ¿tendrás más tiempo para hacer cosas más importantes o que requieran de tus talentos? ¿Cómo lo puedes lograr?

Mientras escribas TUS CATAPULTAS, siéntete en la libertad de modificarlas como mejor entiendas hasta que puedas identificar oportunidades reales y prácticas que puedas aprovechar ahora mismo y las que necesitas para una vez se te presenten, estés lista para aprovecharte de ellas.

Es tu obligación estar constantemente observando tu entorno y buscando nuevos y mejores LUGARES DE APOYO que te catapulten a ti y a los que te rodean al próximo nivel. Has una lista de al menos 25 CATAPULTAS que hay en tu entorno.

_____

_____

_____

_____

_____

_____

_____

_____

_____

_____

_____

_____

_____

_____

_____

_____

_____

_____

_____

_____

_____

_____

_____

_____

_____

_____

_____

_____

_____

_____

_____

_____

_____

_____

_____

_____

10. TUS MANIOBRAS TÁCTICAS

Este paso lo utilizamos con nuestros clientes para esbozar un plan de acción o de trabajo con estrategias claras y precisas para alcanzar cada uno de sus objetivos. En tu caso, utilizarás esas estrategias para llegar a TU IMAGEN IDEAL. Utilizarás TUS METAS CLARAS y TUS CATAPULTAS para crear tu PLANTILLA DE VIDA. ¿Qué puedes hacer para aprovechar TUS CATAPULTAS? ¿Qué debo hacer para alcanzar cada una de mis metas? Crear y ejecutar TUS MANIOBRAS TÁCTICAS.

Este análisis es fundamental para la planificación de cualquier proyecto o meta. TU PLANTILLA DE VIDA es una herramienta que debes implementar a diario para eventualmente alcanzar TU IMAGEN IDEAL. Es un conjunto de estrategias o actividades destinadas a alcanzar cada uno de tus objetivos. Esta es la parte más importante de todo este proceso. Una cosa es saber que debes hacer, otra cosa es HACERLO. TUS MANIOBRAS TÁCTICAS te lleva a la vida de tus sueños siguiendo tu propio Plan de Acción todos los días.

Ve por cada una de TUS METAS CLARAS y de TUS CATAPULTAS y establece un plan de trabajo con acciones claras y precisas que te permitan alcanzar tus metas y aprovecharte de TUS CAPAULTAS con la finalidad de alcanzar TU IMAGEN IDEAL.

Crea TUS MANIOBRAS TÁCTICAS preparando un listado con estrategias que puedes implementar para alcanzar TUS METAS CLARAS y para aprovecharte de TUS CATAPULTAS:

_____

_____

_____

_____

_____

_____

_____

_____

_____

_____

_____

_____

_____

_____

_____

_____

_____

_____

_____

_____

_____

RESUMEN DE LOS PASOS Y CÓMO IMPLEMENTARLOS

En este momento ya debes tener claro lo siguiente sobre ti:

1. **TU IMAGEN IDEAL:** ¿A dónde quieres llegar? ¿Dónde te ves en 20, 10 y 5 años?

2. **LA MISIÓN DE TU ALMA:** Tu misión espiritual. Lo que te hace levantarte por las mañanas; tu motor diario. Algo que leas a diario para inspirarte y enfocarte.

3. **TUS TALENTOS INNATOS:** habilidades que tienes que te dirigen hacia TU PROPÓSITO DE VIDA.

4. **TU PROPÓSITO DE VIDA:** es lo que viniste a hacer en este mundo. Es parecida a LA MISIÓN DE TU ALMA, pero más físico-material. LA MISIÓN DE TU ALMA es algo más espiritual. TU PROPÓSITO DE VIDA es algo más práctico y tangible.

5. **TUS METAS CLARAS:** objetivos a corto, mediano y largo plazo para utilizarlo como guía y dirección cumplir con TU PROPÓSITO DE VIDA.

6. **TUS ACELERADORES:** cosas que debes delegar para enfocar tu tiempo y esfuerzo en lo que te apasiona, en lo que te gusta o en donde mejor puedas emplear TUS TALENTOS INNATOS y producir el mayor valor posible.

7. **TUS FRENOS:** tus malos hábitos u otras cosas que haces a diario y frecuentemente y que te alejan de TU PROPOSITO DE VIDA y de TU IMAGEN IDEAL.

8. **TUS DETRACTORES:** son obstáculos y situaciones externas que no puedes controlar y están perjudicando tu crecimiento, pero que si las identificas, las puedes convertir en TUS ACELERADORES. Aunque son situaciones que ponen en peligro TU IMAGEN IDEAL si las sabes manejar correctamente, las puedes utilizar a tu favor.

9. **TU CATAPULTA:** son la base para estudiar tu medio ambiente y ver cómo puedes ser útil en la sociedad. Son las oportunidades que no estás explotando y que de aprovecharla, te catapultará al próximo nivel cada vez más cerca de TU IMAGEN IDEAL.

10. **TUS MANIOBRAS TÁCTICAS:** es un plan de trabajo desarrollas estrategias para cada lograr beneficiarte de cada una de TUS CATAPULTAS. Es el Plan de Trabajo. La parte más importante del ejercicio. Es lo que te lleva a cumplir con todos los pasos anteriores hasta alcanzar TU IMAGEN IDEAL.

¿Te puedes estar preguntando: ¿pero, cómo implemento toda esta data? ¿Cómo utilizo esta información para completar mi Plantilla de Vida y ponerla en acción?

INSTRUCCIONES BÁSICAS

1. TU IMAGEN IDEAL, LA MISIÓN DE TU ALMA y TUS TALENTOS INNATOS te llevan a TU PRO-PÓSITO DE VIDA.

2. TUS METAS CLARAS, TUS ACELERADORES, TUS FRENOS y TUS DETRACTORES te llevan a TU IMAGEN IDEAL.

3. Todo lo anterior te lleva a TUS CATAPULTAS.

4. TUS METAS CLARAS y TUS CATAPULTAS te llevan a TU PLANTILLA DE VIDA.

5. TU PLANTILLA DE VIDA permite que aproveches TUS CATAPULTAS y alcances tus METAS CLARAS y eventualmente llegues a TU IMAGEN IDEAL.

6. TU MISIÓN DEL ALMA te permite conocerte mejor. TU PROPÓSITO DE VIDA te inspira, te guía y mo-tiva a seguir adelante. TU PLANTILLA DE VIDA es el mapa que te lleva al tesoro que estás buscando.

Te voy a dar una situación hipotética, aunque sea poco elaborado, para que tengas una idea de cómo crear tu propio plan de trabajo. El tuyo debe ser lo más específico posible.

EJEMPLO DE UNA PLANTILLA DE VIDA (CASO HIPOTÉTICO)

Vamos a construir una Plantilla de Vida sencilla de una persona que quiere llevar un mensaje específico a un mercado meta:

1. **TU IMAGEN IDEAL:** Dar talleres prácticos alrededor del mundo para que las personas que asistan a ellos descubran su propósito de vida, vivan la vida de sus sueños e inspiren a otros a hacer lo mismo.

2. **LA MISIÓN DE TU ALMA:** Impactar personas a diario con mensajes inspiradores a través de las redes sociales y plataformas en línea (online) para que se tomen acción en sus metas personales y hagan un gesto positivo o ayuden a alguien a diario.

3. **TUS TALENTOS INNATOS:** Comunicadora; Explica en palabra sencillas; las personas entienden el mensaje que quiere llevar; es resiliente (flexible ante los problemas), paciente, decidida, organizada; presencia escénica; integra, responsable, genuina, innovadora, amorosa, creativa.

4. **TU PROPÓSITO DE VIDA:** Impactar vidas a través de la palabra llevando un mensaje de amor y esperanza a través de la implementación de una guía práctica donde cada persona que siga las instrucciones logre modificar su conducta para lograr cualquier meta que se propongan y que la transformación llegue a lugares remotos donde haya poca educación y muchas necesidades.

5. TUS METAS CLARAS

A corto plazo:

- Crear una lista de 100 temas para comenzar la educación a través de videos y publicaciones en diferentes medios digitales.

- Tener presencia activa en las redes sociales publicando contenido a diario.

- Tener 1,000 seguidores en las redes sociales.

A mediano plazo:

- Publicar 100 videos prácticos para llevar un mensaje y crear cambios positivos en las personas.

- Dar charlas gratuitas a compañías en el lugar o país donde vivo a cambio de poder promocionar tus servicios y productos en el lugar donde se den las charlas.

- Crear cursos o currículos en línea (online) para venderle a un nicho específico.

- Comenzar a generar dinero para cubrir los gastos y reinvertir en el negocio todo el sobrante.

- Lograr dar 10 charlas a empresas del país donde resido.

- Conseguir recursos y colaboradores en las redes sociales para apoyarnos mutuamente, entrevistarnos y compartir audiencia.

A largo plazo:

- Llevar el mensaje a través de talleres prácticos utilizando técnicas efectivas de comunicación en países donde hay mucha criminalidad y pobreza para educar e inspirar a las población a hacer el bien, a ayudar al vecino, a vivir en propósito y a lograr sus sueños.

- Tener 40 cursos en línea para la venta.

- Tener un equipo de trabajo y de mercadeo para maximizar las ventas de los cursos y las contrataciones para dar talleres alrededor del mundo.

- Generar una lista de al menos 2,000 contactos para mercadear mis productos en línea (online).

- Generar suficientes ingresos para estar financieramente libre y poder dedicarme únicamente a mi propósito de vida.

- Llegar a 100,000 seguidores en las redes sociales.

- Saldarle la casa a mi mamá.

- Comprarle una casa a mi abuela.

- No preocuparme por dinero nunca más.

- Impactar las vidas de 1,000,000 de personas.

6. TUS ACELERADORES:

- Contratar a un Agente que se dedique a conseguir contrataciones para dar charlas y talleres.

- Tener un equipo de venta que se dedique a vender los cursos en línea que vaya creando.

- Contratar una persona que se dedique a grabar y editar videos.

- Contratar una persona que administre mis redes sociales.

Lo importante es que contrates a alguien al que le delegues tareas importantes para enfocar tu tiempo y esfuerzo en lo que te apasiona, en lo que te gusta o en donde mejor puedas emplear TUS TALENTOS INNATOS y producir el mayor valor posible.

7. **TUS FRENOS:** Impulsividad; enojarse con facilidad, actuar antes de pensar; prejuicios; cerrar mi corazón; guardar rencores; ver televisión; escuchar chismes; análisis-parálisis; acostarme muy tarde; beber alcohol.

8. **TUS DETRACTORES:** Un huracán, una pandemia, terremotos y otros eventos que provoquen el cierre de empresas o el colapso de la economía local o global. El cambio de gobierno en un país. Mis amistades tóxicas; personas envidiosas que no quieren lo mejor para mi; enemigos ocultos. Personas que me difamen en las redes sociales; medios noticiosos que fomentan el miedo colectivo.

9. **TUS CATAPULTAS:**

- Compañías grandes donde hay muchos problemas internos entre los empleados y necesitan adiestramiento para su fuerza laboral.

- Personas en busca de propósito en las redes sociales dispuestas a pagar por mis cursos en línea.

- Personalidades con las que puedo colaborar en las redes sociales para llevarle el mensaje a una mayor cantidad de personas.

10. TUS MANIOBRAS TÁCTICAS:

- Comprar un celular inteligente (Smartphone) y una computadora (laptop).

- Abrir una página de Youtube, Facebook e Instagram.

- Tomar cursos en línea o presenciales para adquirir práctica y técnicas para hablar en público.

- Crear 3 charlas o talleres de 15, 45 y 90 minutos.

- Escribir una propuesta para vender la charla o taller a empresas privadas.

- Buscar un libro o página web de negocio que contenga las compañías más exitosas en mi país para obtener su información de contacto y llamar una a una.

- Habla con la persona a cargo de Recursos Humanos o Mercadeo y ofrécele el taller. Coordina reuniones y comienza a dar presentaciones.

- Crear contenido diariamente en las redes sociales para seguir aumentando mi audiencia.

- Promocionar talleres en línea a través de las redes sociales.

- Crear un "elevator pitch" para vender mis cursos y servicios a donde quiera que me presente o visite.

- Ingresar a Asociaciones de personas con intereses en
común cerca de donde vivo para participar en sus actividades y crear relaciones en mi industria.

INSTRUCCIONES FINALES

1. Debes actualizar tu Plantilla de Vida cada 6 meses o tan frecuente como sea necesario siempre que hayan surgido nuevos cambios o hayas cumplido con algunos de tus objetivos o metas.

2. Lee o escucha TU PROPÓSITO DE VIDA y LA MISIÓN DE TU ALMA todos los días. Esas palabras te mantendrán motivada para lograr TUS METAS CLARAS y alcanzar TU IMAGEN IDEAL en los días buenos y en los no tan buenos te servirá de inspiración para mantenerte el enfocada en tu objetivo.

Esto es solo una pequeña porción de lo que puedes lograr si te enfocas, te conectas contigo misma y tomas acción hacia tus metas TODOS LOS DÍAS.

¡ADVERTENCIA!

No pases esta página hasta que no hayas completado el ejercicio. Si lo llevas **a cabo vas a cambiar tu vida para siempre.**

☺

EPÍLOGO

"Hoy es el primer día del resto de tu vida."

ANÓNIMO

Después de terminar esta guía y completar el ejercicio anterior, es tu obligación darle seguimiento a TU PLANTILLA DE VIDA y de leer TU IMAGEN IDEAL, TU MISIÓN DEL ALMA y TU PROPÓSITO DE VIDA a diario para que no pierdas el enfoque. Además, es fundamental que crees tu plan de trabajo con metas, objetivos y estrategias con fecha límite y tomes acción inteligentemente para lograr todo lo que te propongas.

La data que recopilaste a través de los ejercicios de en esta guía práctica es el compás que te guiará por los próximos 5 a 20 años y por eso debo felicitarte. Hoy comienza un nuevo capítulo en tu vida donde podrás expresar TUS TALENTOS y desarrollarte al máximo de tus capacidades. Relee esta guía las veces que sea necesario al igual que todos tus apuntes para que internalices bien todo el contenido. Ejecuta TU PLANTILLA DE VIDA a diario. La repetición es indispensable a lo largo de nuestra vida. Lo que aprendemos hoy, se nos olvida mañana si no se refuerza constantemente. Eres una persona poderosísima con la capacidad de alterar tu estado de conciencia e impactar positivamente tu vida, la vida de las personas que te rodean y al planeta entero si así te lo propones.

No importa por lo que estés pasando en estos momentos, tú eres quien tiene el control sobre cómo reaccionas a lo que te ocurre y eres responsable de tus resultados. SIEMPRE PUEDES HACER ALGO AL RESPECTO.

No importa donde te encuentres, siempre hay una salida, una mejor manera de hacer las cosas, una actitud más propicia para la ocasión. Si entiendes los poderes creadores que hay en ti, y los enfocas firmemente hacia TU PROPÓSITO DE VIDA, lograrás lo que te propongas: vivirás TU IMAGEN IDEAL.

> *"Cada cosa que te ha ocurrido en tu vida te está preparando para el momento que está por venir."*
> **OPRAH WINFREY**

La vida te ha ido preparando para un futuro brillante. Cada obstáculo te ha hecho más fuerte y te ha ido puliendo para convertirte en un diamante. Escucha atentamente los mensajes del Universo.

La vida es un conjunto de exámenes que venimos a tomar. Hay lecciones específicas que debes aprender. Los murmullos del Universo te dicen hacia dónde debes ir y qué debes hacer para aprender lo que tengas que aprender. Si no pasas el examen, tienes que volver a cogerlo hasta que lo pases. Ese "examen de vida" se pone más difícil con cada intento, por lo tanto, si no escuchas a tu Ser Interior o a los murmullos del Universo, cada vez será más fuerte el golpe y la lección por aprender.

Si no aprendes de tus errores en la vida, estás destinada a repetirlos una y otra vez. Eventualmente, el golpe de la vida será muy fuerte para soportar. ¡Pero no temas! Si ejecutas TU PROPÓSITO DE VIDA, recibirás el apoyo que necesitas del Universo y te liberarás de las asechanzas de "la vida" y "el destino": crearás la vida que quieres y serás la Arquitecta de tu destino.

COMPARTE DE TU LUZ CON LOS DEMÁS

Si la información que has recibido te ha impactado de alguna manera, te ruego que compartas este conocimiento con otros. El conocimiento trae consigo gran responsabilidad y es tu deber moral aplicarla y compartirla con la humanidad, ya sea compartiendo esta guía o enseñándole a otros a encontrar su PROPÓSITO DE VIDA y a alcanzar su IMAGEN IDEAL implementando sus MANIOBRAS TÁCTICAS.

Lo importante es que ayudes a otros a servirle a la humanidad como mejor entienda cada cuál siempre haciendo el bien y alegrándonos por los éxitos ajenos. Busca la manera de ayudar a mejorar este planeta comenzando con las personas que te rodean.

TU MISIÓN DEL ALMA y TU PROPÓSITO DE VIDA es la combinación de la LUZ que hay en ti, y al encenderla iluminas el mundo a tu manera. Y cuando compartes esa luz, los demás encontrarán su propio CAMINO. Eres una Guerrera de Luz y tienes la capacidad de escribir tu destino y cambiarle la vida a muchas personas.

PARÁBOLA: COMPARTIENDO LA LUZ EN LA CAVERNA ILUMINADA

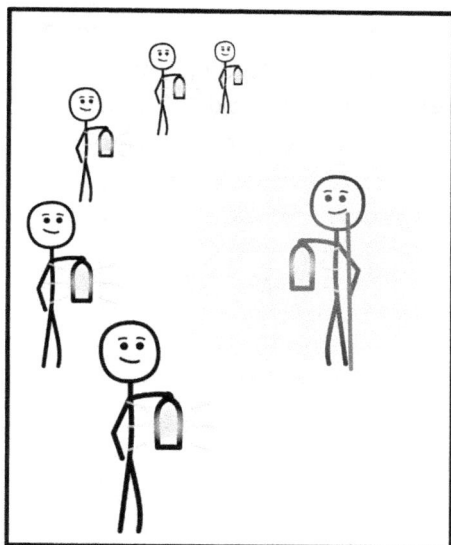

"Nadie enciende una lámpara con el fin de ocultarla detrás de la puerta: el propósito de la luz es crear más luz, abrir los ojos de las personas, revelar las maravillas alrededor."

PAULO COELHO

Unos hombres entraron a una caverna buscando resguardo de los abates del clima. Un Huracán se encontraba devastando su isla y debían protegerse para no morir. Se hizo de noche rápidamente y quedaron todos en la oscuridad. Luego de algunas horas, uno de los hombres logró encender un pequeño palito de madera que tenía en uno de sus bolsillos. La luz era muy pequeña y no iluminaba lo suficiente para poder ver, sin embargo, tuvo la magnífica idea de utilizar su palito de ma-

dera encendido para ayudar a los demás hombres a encender los suyos y en un abrir y cerrar de ojos, la caverna completa se iluminó.

Nunca olvides que tu luz sigue siendo oscuridad si no la compartes con los demás, y al compartirla la multiplicas. Cuando amar incondicionalmente y esparcir tu luz se convierte en un hábito, nunca morirás. Tu legado continuará porque tu luz se seguirá compartiendo como los palitos de madera en la Caverna Iluminada.

EL REGALO FINAL

"Nunca dejes para mañana lo que puedes
hacer hoy."
BENJAMIN FRANKLIN

¿Me ayudas a cambiar el mundo y a lograr MI IMAGEN IDEAL? Podemos ayudarnos a crear un mejor mundo en el que vivimos si le enseñamos a otros a descubrir sus TALENTOS y vivir sus PROPÓSITOS DE VIDA. Vamos a crear un impacto positivo en la sociedad dejándola mejor de como la encontramos. Te invito a que le regales esta Guía a dos personas que aprecies mucho para que ellos, a su vez, hagan lo mismo. Yo cubro los gastos de impresión, producción y manejo. Tú solo pagas el costo de envío. Consigue esta guía totalmente gratis en el siguiente enlace: www.los10poderesdeluniverso.com/librogratuito

Para recibir los ejercicios y llena blancos de esta guía en formato PDF y otros documentos complementarios relacionados, escríbenos a recursos@los10poderesdeluniverso.com con el título "Documentos Complementarios de Los 10 Poderes del Universo".

Para más información sobre nuestros cursos en línea, contenido gratuito diario, videos, citas positivas y entrevistas a expertos en diferentes materias visita los siguientes enlaces:

1. HerrymanTV: Suscríbete a nuestro listado para recibir notificaciones de todas nuestras publicaciones, cursos y otros productos relacionados en www.herryman.tv
2. Para nuestros cursos y adiestramiento en línea, visita: www.metasclaras.com.
3. HerrymanTV Podcast: para escuchar nuestro podcast,

suscríbete a www.htvpodcast.com.

Una vez comiences a obtener resultados positivos con esta guía, escríbeme un email a recursos@los10poderes-deluniverso.com con el título "Historia de Éxito" para que compartas tu testimonio, me cuentes tus experiencias y celebremos juntos el principio de los mejores días de tu vida.

"Lo que la oruga llama el fin, el resto del mundo le llama mariposa."

LAO TZU

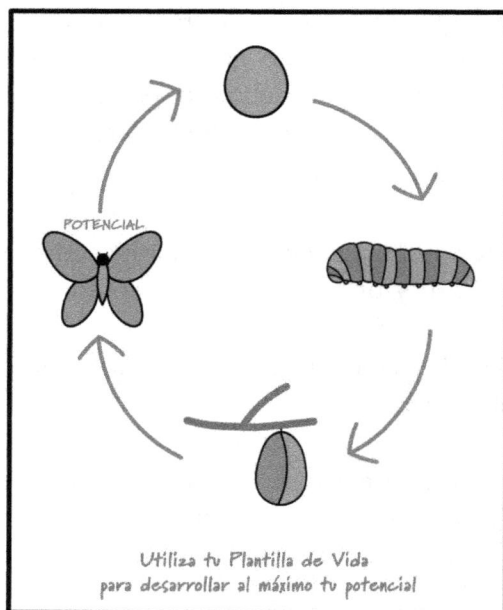

Utiliza tu Plantilla de Vida
para desarrollar al máximo tu potencial

FIN

SOBRE EL AUTOR

Alejandro Herryman es abogado-notario, mediador, relacionista público y corredor de bienes raíces en Puerto Rico. Sus estudios incluyen un bachillerato en Finanza y un Juris Doctor.

Luego de 10 años en el mercado laboral y de experiencia en las diferentes industrias antes mencionadas, decide abrir su primer canal de Youtube titulado HerrymanTV un 29 de octubre de 2016 con el propósito de proveer información práctica para desarrollar el potencial humano, proveer las herramientas y pericia necesaria para que cada persona encuentre su propósito de vida, desarrolle el pensamiento crítico y adopte una actitud genuina de gratitud para una vida plena, satisfactoria y feliz.

Su contenido está dividido principalmente en 2 vertientes: la sección de "Política, Sexo y Religión" donde analiza noticias importantes de Puerto Rico, entrevista a políticos de la Isla y toca temas "taboo" que no te enseñan en la escuela, que muchas personas no se atreven a hablar por diversas razones pero que son muy importantes para comprender mejor la vida y adquirir pensamiento propio. La otra sección va dirigida a tema positivos y de desarrollo personal como los es esta guía para que otras personas puedan conocerse mejor a si mismas y desarrollen al máximo su potencial.

Luego de muchos años de trabajo duro, se dio cuenta que nada de lo que hacía para generar ingresos le gustaba. Se dio cuenta que todas sus metas eran relacionadas a crear dinero y no a vivir de manera plena y feliz. En el momento que se percata que sus metas estaban vacías y que no encontraría la felicidad en ese lugar, decidió crear una guía para conocerse mejor y poder identificar algo que le hiciera feliz, que pudiera hacer todos los días y que le permitiera servirle mejor a la sociedad utilizando sus talentos y experiencia previa.

De esa iniciativa surgió la creación y publicación de "Los 10 Poderes del Universo" con una tecnología única que facilita que otras personas descubran su propósito de vida y esbocen un plan de acción con estrategias específicas para lograr sus metas y lo que deseen proponerse.

Alejandro tiene una gran pasión por el servicio a los demás y está convencido de que todas las personas deben dejar el mundo mejor de cómo lo encontraron. Luego de poner la tecnología de esta guía en práctica, ha logrado mudarse al lugar de sus sueños, ha creado un entorno que apoya todas sus metas, su enfoque se ha agudizado grandemente y ha logrado vivir el mejor año se su vida.

Su mayor deseo es que logres todos tus sueños, no solo por ti, sino porque está consciente de que la mejor manera de lograr sus metas y sueños es haciendo que otros lo logren también.

NOTAS AL CALCE

[1] Gary Keller y Jay Papasan, Solo Una Cosa ("The One Thing") (2016)

[2] Vea la siguiente investigación: https://policy-practice. oxfam.org/resources/an-economy-for-the-1-how-privilege-and-power-in-the-economy-drive-extreme-inequ-592643/ (Última búsqueda el 25 de febrero de 2021).

[3] Francesco Cirillo, The Pomodoro Technique (2013).

[4] Has una búsqueda en Internet y utiliza la aplicación que más te guste o la que mejor te funcione.

[5] Para escribir este libro utilicé la Técnica Pomodoro.

[6] Antoine Lavoisier es el padre de la química moderna. Fue ejecutado por una guillotina luego de la Revolución Francesa el 8 de mayo de 1794.

[7] Dr. Masaru Emoto, Los Mensajes Secretos en el Agua (2005).

[8] La palabra "Resiliencia se define, según la Real Academia Española, como "la capacidad de adaptación de un ser vivo frente a un agente perturbador o un estado de situación adversos".

[9] Véase, Abraham-Hicks, "Ask and It is Given". Abraham-Hicks dice que la persona promedio rara vez puede terminar una oración sin contradecir su propia energía, como, por ejemplo: "Quiero un nuevo carro, pero es muy costoso". Así que casi ninguno de nosotros ha tenido mucha expe-

riencia en experimentar esa combustión de pensamiento que ocurre con 17 segundo o más de pensamiento puro.

[10] Un minutero.

[11] James Allen, As a Man Thinketh.

[12] Harvard Mental Health Letter, In Praise of Gratitude (2011). https://www.health.harvard.edu/newsletter_article/ in-praise-of-gratitude (Última consulta el 3 de abril de 2021)

[13] Las endorfinas son unas sustancias (péptidos opioides endógenos) que produce nuestro cuerpo de forma natural para disminuir el dolor o producir una sensación de bienestar. Por tal razón, las endorfinas son también conocidas como las hormonas de la felicidad.

[14] James Allen, "As a Man Thinketh".

[15] Cita de William P. Clemens Stone.

[16] Véase, Jack Canfield, The Success Principles (2005).

[17] L. Ron Hubbard, Introduction of Scientology Ethics, p. 71.

"Una Persona Supresiva (Suppresive Person) es una persona que busca suprimir a otra gente a su alrededor. Una persona supresiva echará a perder o despreciará cualquier esfuerzo por ayudar a alguien y en particular atacará con violencia a todo aquello que esté destinado a hacer a los seres humanos más poderosos o más inteligentes.

La lógica o raciocinio de estas personas es que piensan

que si alguien mejora, esa persona tiene que atacarlo porque de lo contrario lo van a derrotar."

La persona supresiva es también conocida como la Personalidad Anti-Social como por ejemplo Adolfo Hitler, asesinos sin razón y los magnates de la droga. Pero también lo son muchas personas que pasan desapercibidas. L Ron Hubbard decía que el 3% de la población era peligrosamente supresiva.

[18] Diccionario Básico Latín-Español/Español-Latín. Barcelona, 1982.

[19] Véase el libro de María Angélica Kotliarenco, Estado de Arte en Resiliencia, que a su vez hace referencia a lo siguiente:

"En la Enciclopedia Hispánica se define resiliencia como la resistencia de un cuerpo a la rotura por golpe. La fragilidad de un cuerpo decrece al aumentar la resiliencia. En español y francés resiliencia se emplea en el campo de la ingeniería civil únicamente para describir la capacidad de un material de recobrar su forma original después de someterse a una presión deformadora. La definición en el idioma inglés del concepto resilience es la tendencia a volver a un estado original o el tener poder de recuperación [to rebound / recoil / to spring back]. En Norteamerica se define como la propiedad que tiene una pieza mecánica para doblarse bajo una carga y volver a su posición original cuando ésta ya no actúa (Enciclopedia Salvat de la Ciencia y de la Tecnología, 1964)."

[20] Véase, Roger Connors, The Wisdom of Oz: Using Personal Accountability to Succeed in Everything You Do (2014).

21 Bárbara L. Fredrickson, Amor 2.0: Una nueva mirada a la emoción que determina lo que sentimos, pensamos, hacemos y somos" (2015).

22 Conny Méndez, Metafísica 4 en 1, Vol.1 (Ed. 2007).

23 Bárbara L. Fredrickson, Amor 2.0: Una nueva mirada a la emoción que determina lo que sentimos, pensamos, hacemos y somos" (2015).

24 Kim Pil Young, "The interplay of brain and experience in parental love", en Dissertation Abstracts International: Section B: The Sciences and Engineering, vol. 70, num. 6-B, 2009, p. 3810.

25 Conny Méndez, Metafísica 4 en 1, Vol. 1. (Ed. 2007).

26 Íd. [Conny Méndez, Metafísica 4 en 1" (Ed. 2007).]

27 The Bhagavad Gita: A Text and Commentary for Students (Beliefs & Practices)

28 Definición de meditation en: Charlton T. Lewis & Charles Short (1879), A Latin Dictionary, Oxford: Clarendon Press; y en Charlton T. Lewis (1891) An Elementary Latin Dictionary, New York: Harper & Brothers.

29 El "Tercer Ojo" se encuentra entre medio de tus cejas. Cuando desarrollas tu "Tercer Ojo", estimulas tu conciencia, intuición, autoconocimiento y aumenta tu creatividad. Es el ojo que "todo lo ve". Puede "ver" lo que los otros 2 ojos no pueden percibir. Mientras meditas, si te enfocas mentalmente en el punto entre tus cejas e imaginas proyecciones de luz de color violeta. Verás que con la práctica comenzarás a desa-

rrollar esta área de tu cuerpo. Para más información sobre el tema has una búsqueda en el Internet sobre "El Tercer Ojo y la Glándula Pineal". Recomiendo que consultes a algún experto en el tema para que te guie en tus primeros pasos.

[30] Un "mantra" es un sonido, una palabra o frase que una persona repite durante la meditación. La palabra "mantra" está compuesta por dos partes: "man", que es la raíz de la palabra "mente" en sánscrito (lengua clásica de la India), y "tra", que es la raíz de la palabra "instrumento" en sánscrito. Por lo tanto, un "mantra" es un "instrumento de la mente" que emana un sonido o vibración poderoso que te ayuda a desconectarte de los pensamientos que llegan a tu mente y a conectarte con tu ser espiritual y con el Universo. El "mantra" es una herramienta de apoyo para llegar a estados profundos de meditación.

[31] La Universidad de Harvard en Massachusetts llevó a cabo unos estudios durante el 2010 que fueron publicados en enero de 2011. Contaron con el apoyo de profesores de la Universidad de Giessen en Alemania y de la Universidad de Miami, además de contar con el apoyo del "British Broadcasting Company", el "National Institute of Health" y el Mind and Life Intutute".

[32] "Los estudios con imágenes por resonancia magnética (IRM) usan un gran imán y ondas de radio para observar órganos y estructuras que se encuentran en el interior del cuerpo. Los profesionales de la salud utilizan estas imágenes para diagnosticar una variedad de afecciones, desde rupturas de ligamentos hasta tumores. Las imágenes por resonancia magnética son muy útiles para examinar el cerebro y la médula espinal." https://medlineplus.gov/spanish/mriscans.html (Última consulta en 3 de abril de 2021).

[33] "Minfulness-Based Stress Reduction (MBSR) Program" del Centro para Conciencia Plena de la Escuela de Medicina de la Universidad de Massachusetts.

[34] Véase la Revista de Harvard Digital y Washington Post: https://www.washingtonpost.com/news/inspired-life/wp/2015/05/26/harvard-neuroscientist-meditation-not-only-reduces-stress-it-literally-changes-your-brain/?utm_term=.9218fcea0294 (Última consulta el 3 de abril de 2021).

[35] Véase, materiales y publicaciones del seminario de "mindfulness" "Now and Zen" en el Harvard Medical School https://hms.harvard.edu/sites/default/files/assets/Harvard%20Now%20and%20Zen%20Reading%20Materials.pdf (Última consulta el 3 de abril de 2021).

"...Cambios que importan:"

1. La diferencia primordial se encontró en la "cingulada posterior", relacionado a la divagación mental y la importancia que una persona se da a sí misma.

2. Se encontró un aumento de densidad en la materia gris del hipocampo que asiste en el aprendizaje, la comprensión, la memoria, la regulación de las emociones, en la consciencia de uno mismo, la compasión e introspección.

3. Se encontró un aumento de densidad en la materia gris en el "cruce temporo parietal", asociado con la toma de perspectiva, empatía y compasión. También en un área del tronco cerebral llamado el "Pons", lugar donde se producen muchos neurotransmisores reguladores.

[36] "8 Weeks to a Better Brain": https://news.harvard.

edu/gazette/story/2011/01/eight-weeks-to-a-better-brain (Última consulta el 3 de abril de 2021).

[37] Hay muchos otros estudios realizados sobre el tema. Para más información sobre el estudio realizado por la Universidad de California (UCLA), véase, https://www.muyinteresante.es/salud/articulo/iquieres-que-tu-cerebro-crezca-medita (Última consulta el 3 de abril de 2021).

[38] Véase este interesantísimo artículo: Matthieu Ricard, Antoine Lutz y Richard J Davidson, The Mind of the Meditator: Contemplative practices that extend back thousands of years show multitude of benefits for both body and mind (Noviembre 2014), https://www.law.upenn.edu/live/files/3918-mind-of-the-meditator.pdf. (Última consulta el 3 de abril de 2021).

[39] Michael C. Dillbeck y Kenneth L. Cavanaugh, Societal Violence and Collective Consciousness: Reduction of U.S. Homicide and Urban Violent Crime Rates (2016), http://journals.sagepub.com/doi/abs/10.1177/2158244016637891. (Última consulta el 3 de abril de 2021).

[40] La Meditación Transcendental es una técnica desarrollada por Maharishi Mahesh Yogi para desarrollar el potencial interno. Pongo esta nota al calce solo para que conozcas sobre el impacto positivo de la meditación colectiva. No puedo hablarte nada más sobre esta técnica, porque, aunque la conozco hace varios años, nunca la he practicado porque para llevarla a cabo hay que tomar un curso y certificarse. Para ver publicaciones e investigaciones sobre los beneficios que tiene este tipo de meditación sobre las personas, accede el siguiente enlace de la Universidad de Administración Maharishi: https://www.mum.edu/about-mum/transcenden-

tal-meditation-technique. (Última consulta el 3 de abril de 2021).

[41] John S. Hagelin, Maxwell V. Rainforth, Kenneth L. C. Cavanaugh, Charles N. Alexander, Susan F. Shatkin, John L. Davies, Anne O. Hughes, Emanuel Ross y David W. Orme-Johnson, Social Indicators Research, p. 153-201 (1999), Effects of Group Practice of the Transcendental Meditation Program on Preventing Violent Crime in Washington, D.C.: Results of the National Demonstration Project, June--July 1993, https://link.springer.com/article/10.1023/A%3A1006978911496. (Última consulta el 3 de abril de 2021).

[42] Véase, Michael C. Dillbeck, Social Indicators Research, p. 399-418 (1990), Test of a field theory of consciousness and social change: Time series analysis of participation in the TM-Sidhi program and reduction of violent death in the U.S., https://link.springer.com/article/10.1007/BF00303834, entre otros. (Última consulta el 3 de abril de 2021. Deepak Chopra también hace referencia a estos experimentos en su libro "Cómo crear salud: Más allá de la prevención y hacia la perfección" (abril 2017).

[43] Dr. Masaru Emoto, Los Mensajes Secretos en el Agua (2005).

[44] Un "zafú" es un cojín especial para meditar. Ayuda a la postura y a una espalda recta o erguida. Si vas a meditar en el piso, te recomiendo uno.

[45] Will Johnson, La Postura de la Meditación: Manual Práctico para Meditadores de todas las tradiciones (2009).

[46] Averigua más sobre cada mantra haciendo una búsqueda en Internet o consultando con el profesional de tu preferencia.

[47] Más beneficios de la meditación

Todo en la vida está interrelacionado. Una vez cultives el Poder de la Meditación, estarás desarrollando todos los demás poderes a los que hago referencia en este libro. A continuación, comparto contigo 68 beneficios adicionales de meditar, sustentados por la ciencia y organizados de la siguiente manera:" los beneficios ennegrecidos o en "bold" son, a mi juicio, los más importantes.

Comencemos:

La meditación reduce la divagación de la mente y causa cambios en el cerebro.

Personas experimentadas que meditan, parecen tener la capacidad de apagar áreas en el cerebro asociadas con la divagación de pensamientos, ansiedad y otros desórdenes mentales como la esquizofrenia.

La meditación evita que tu cerebro envejezca

Florian Kurth, uno de los autores del estudio, se expresó sobre los resultados obtenidos: "Esperábamos que la diferencia fuera mínima, sin embargo, observamos un amplio abanico de efectos de la meditación en distintas áreas de todo el cerebro".

Combate la ansiedad y la depresión.

Un estudio realizado por la Universidad John Hopkins demostró que con solo minutos de práctica de la meditación de "mindfulness" puede reducir el estrés y disminuir los efectos de una depresión. Ratifican que la meditación es un es una forma de entrenar el cerebro para aumentar la conciencia.

Mejora la concentración y atención de una persona en poco tiempo de práctica.

La meditación ayudar a confrontar, reducir y hasta eliminar adicciones.

La Sociedad Estadounidense del Pulmón dijo que la meditación es más efectiva y duradera que los programas para dejar de fumar.

La meditación te ayuda a utilizar el Poder de la Resiliencia.

Como te dije anteriormente, la meditación te ayuda a disminuir el estrés y a reaccionar adecuadamente a las situaciones que enfrentas día a día, por lo que tu resiliencia y flexibilidad ante las enseñanzas que te presenta la vida aumenta drásticamente permitiendo que continúes tu eterno camino de aprendizaje hacia tus metas y propósito de vida.

- Ayuda a eliminar pensamientos negativos.

- Fortalece o mejora el sistema inmunológico.

- Ilumina el camino que viviste a andar.

- Permite que descubras el mensaje de tu corazón.

- Ayuda a conseguir paz mental y felicidad.

- Ayuda a encontrar las respuestas a todas tus preguntas.

- Aumenta la compassion.

- Aumenta la aceptación de uno mismo.

- Ayuda a perdonar.

- Cambia la actitud hacia la vida.

- Crea una relación más profunda el Universo o con Dios.

- Ayuda a vivir en el momento presente.

- Crea una amplia y profunda capacidad para el amor.

- Desarrolla la intuición.

- Manejo de Estrés..

- Disminuye la agresividad y la ira.

- Aumenta la energía, fuerza y vigor.

- Aumenta tu inteligencia y capacidad para resolver problemas.

- Disminuye las inflamaciones por lo que tiene un potente efecto analgésico.

- Incrementa las emociones positivas lo que a su vez aumenta la satisfacción y el bienestar en general.

- Disminuye la necesidad de sueño para que tu cuerpo y mente puedan recuperarse.

- Ayuda a curar el insomnia.

- Disminuye la presión sanguínea.

- Mayor eficiencia laboral.

- Aumenta la satisfacción con el trabajo.

- Disminuye el potencial de enfermedades mentales.

- Aumenta los niveles de serotonina, influencia en el humor y el comportamiento.

- Armoniza el sistema endocrino.

- Relaja el sistema nervioso.

- Aumenta la creatividad.

- Mejor rendimiento en tus estudios.

- Mejor que una siesta.

- Mejora la capacidad de aprendizaje y la memoria.

- Aumenta la estabilidad emocional.
- Desarrolla la fuerza de voluntad.

- Desarrolla la inteligencia o madurez emocional

- Otorga un entendimiento más profundo de sí misma y de las demás personas.

- Mejora el comportamiento social.

- Aumenta el flujo sanguíneo y disminuye la velocidad del corazón.

- Disminuye la tensión muscular y te ayuda a relajarte físicamente.

- Reduce los síntomas del síndrome pre-menstrual.

- Ayuda en la recuperación luego de una operación o cirugía.

- Ayuda a la pérdida de peso.

- Mejora la resistencia de la piel.

- Baja los niveles de colesterol y reduce el riesgo de enfermedades cardiovasculares.

- Mejora el flujo de aire a los pulmones, facilitando la respiración.

- Cura dolores de cabeza y migrañas.

- Alivio significativo del asma.

- Mejora el rendimiento en eventos deportivos.

- Genera confianza en sí misma.

- Elimina fobias y miedos.

- Mejora las relaciones.

- Aumenta la productividad.

- Mejora las relaciones en el hogar y en el trabajo.

- Facilita la visión general de una situación.

- Ayuda a ignorar temas o cosas insignificantes.

- Mejora la comunicación entre los dos hemisferios cerebrales.

- Aumenta las habilidades de escuchar y tener empatía.

- Experimentas la "Unidad" en todas las cosas.

- Aumenta la autorrealización.

- Trae armonía entre el cuerpo, la mente y el espíritu.

[48] Véase, (1) Tom Peters & Robert H. Waterman Jr., In Search of Excellence (1982); (2) Jay Abraham, Your Secret Wealth (2003) y, (3) Jack Canfield, The Success Principles (2004).

[49] Véase, Tom Peters & Robert H. Waterman Jr., In Search of Excellence (1982).

[50] Véase, Malcolm Gladwell, Outliers: The Story of Success (2008), haciendo referencia a una investigación de K. Anders Ericsson.

[51] El término "practicar deliberadamente" es discutido en libros como: Malcolm Gladwell, Outliers: The Story of Success (2008), Geoff Colvin, Talent is Overrated (2008), Angela Duckworth, Grit: The Power of Passion and Perseverance (2016).

[52] Véase, Real Academia Española, http://dle.rae.es/?id=C7CI51l.

[53] Hay personas que no están de acuerdo con la "Regla de las 10,000 horas". Estos dicen que las 10,000 horas es un número que fue escogido aleatoriamente o al azar. Además, dicen que puede ser que practiques 10,000 horas y no seas un experto de clase mundial o que con 5,000 horas podrías ser un experto. Aunque estoy de acuerdo con estas alegaciones, es importante resaltar que todo esto se puede subsanar o reconciliar, cuando definimos lo que significa "práctica deliberada". Eso es lo importante, que entiendas y apliques el concepto de "practicar con un propósito" o de manera "deliberada".

[54] Mel Robbins, 5 Secong Rule (2017). Vea más información sobre Mel Robbins en un TedTalk: https://youtu.be/Lp7E973zozc. (Última consulta el 3 de abril de 2021).

[55] Méndez-Bértolo, C.; Moratti, S.; Toledano, R.; López-Sosa, F.; Martínez-Álvarez, R.; Mah, Y.H.; Vuilleumier, P.; Gil-Nagel, A. & Strange, B.A. (2016). "A fast pathway for fear in human amygdala", Nature Neuroscience.

Véase la definición de "amígdala" en www.enciclopediasalud.com y en http://www.neurowikia.es/content/la-amigdala-anatomí-y-manifestaciones-clínicas (Última consulta el 3 de abril de 2021).

[56] Robert Fisher, El Caballero de la Armadura Oxidada (1987).

[57] Véase, Robert Fisher, El Caballero de la Armadura Oxidada, p.51 (1987).

[58] La Ley de Murphy.